24/11/2013 14:36

VÄGEN TILL HELHET

VÄGEN

MIN VÄG ÄR INTE RAK

DEN SLINGRAR SIG SOM ORMEN

DÄR FINNS DET HINDER AV OLIKA SLAG

TRÄD SOM HAR FALLIT

DIKEN SOM ÄR DJUPA

GROPAR SOM JAG KAN FALLA I

ELLER BARA SNUBBLA, SÅ ATT JAG RAMLAR

MIN VÄG, MIN STIG ÄR INTE RAK

MEN DÄR FRAMME MELLAN TRÄDEN OCH HINDREN

FINNS LJUSET

KANSKE INTE SÅ STARKT OCH SÅ STORT

KANSKE BARA SOM EN PRICK

MEN DET FINNS ALLTID

DÄR FRAMME , PÅ MIN VÄG

13.12.13

Innan intet fanns ingenting
Allt var ett svart hål
Inget fanns att fästa något på
Det enda som fanns var tomheten

Då hördes en explosion
allt snurrade runt
Fördes samman till en klump
som växte och växte
Blev större och större
av ingenting

Inuti kokade en het eld
Ovanför regnade det vatten
Mycket vatten

Tellus fick klumpen som namn

I allt finns allt
Allt har varit allt

Jordens rötter slingrar sig runt hela klotet
har kontakt med helheten

Lillu

INLEDNING

Långt borta - bortom stjärnorna
många ljusår härifrån
finns en galax
Där står ett silverträd,
där rinner livets vatten
Från silverträdet faller
en droppe ner i källan
Som blir till en gnista
En del av denna livsgnista
får fart, denna glödande partikel
flyger genom universum
genom olika sfärer
genom ljudvallen
Snabbare än ljuset själv
kommer till Tellus
Där i ett rum älskar två människor
De vill vara nära och de är kära
De är nöjda med sitt liv
Med sina två barn och trerummaren
Livsgnistan tränger sig på
Blir en del av de älskande
Får liv i livmodern
Droppen blir till en människa
Med en livsuppgift
Bron till silverträdet var bruten
Har kommit fram till mitt mål
Lillu

Det var en vacker höstdag 2005 då jag gick ner för backen till hundgården med Dani. Träden lyste av hösten härliga färger. Jag hade just fyllt 50 år och hade haft en fest med släkt och vänner. Släktingar hade kommit både från Sverige, Estland och Finland. Det var en helt vanlig dag förutom att jag hade fyllt 50 år och kanske var på väg till något nytt i mitt liv. Då anade jag inte alls att detta skulle vara fallet för jag fick en hälsning från universum som gav mig möjlighet att gå vidare på min andliga väg.

Hundgården

Dani hade bråttom nerför backen mot hundgården. Där har han möjlighet att springa fritt omkring och nosa på andras hundars markeringar. Jag hade ingen aning om att denna dagen skulle förändra mitt liv. Jag hade haft en lyckad 50 års fest och mina barn var i tonåren och levde sina egna liv. Livet hade varit en upp och nedgång som de flestas andras liv. Kände att jag ville något mer med mitt liv, ville gå framåt på något vis. Jag hade studerat och tagit pedagogik kandidaten och läste vidare till pedagogige magistern. Jag hade fått en bra början och hade tagit 5 månader ledigt från mitt arbete för att få färdigt avhandlingen. Det var en stor utmaning för mig i min ålder och min bakgrund, så det skulle kunna ha räckt med den utmaningen. Ändå kände jag att jag inte riktigt var nöjd. Något fattades i mitt liv.

När vi kom till hundgården fanns där redan en

hund och en matte. Lipton som hunden hette var föga intresserad av Dani. Dani däremot var väldigt förtjust i Lipton, som var en söt, svart liten spets. Hennes matte hette Rut som genast började prata med mig. Efter ett tag föreslog hon att vi skulle gå och ta en promenad med hundarna till Viks åkrar.

Vik är ett gammalt lantbruksområde från 1700-talet och fungerar nu som en utbildningscentrum och försöksgård. Det är också ett naturområde med många fågelskådare. I skogarna finns det gott om vilda djur bland annat hjortar.

När vi närmade oss husen där vi bodde sa Rut helt plötsligt till mig. *"Du skulle passa in i fredagsgruppen som trummar tillsammans."* Förstod inte varför jag inte ifrågasatte hela saken, utan tog upplysningen mycket naturligt, fast jag inte hade någon aning om vad *"att trumma tillsammans"* innebar. Hon gav mig ett telefonnummer till ledaren för gruppen och sa att jag skulle kontakta henne. Det gjorde jag och fick från Katja som ledaren, hette en uppgift att läsa en bok innan jag kom till träffen. Det var Shamanens väg av Michael Harner

Detta blev också min väg för nu började min resa tillbaka till min ursprungs galax!

Trumgruppen

Det är viktigt att ha människor i sitt liv som har samma värderingar. I dessa grupper kan man fritt få öppna sitt hjärta och få respons på sina tankar. Man är inte ensam stark i alla lägen utan behöver stöd och förståelse för det man tror på. Det är ju därför man bygger kyrkor och samlingslokaler där likasinnade kan träffas.

Trumgruppen träffades i som vi kallar i Göteborg för, landshövdingshus. Husen låg i ett fyrkantigt komplex med en inne gård. Jag fick trycka på porten med koden och kom genom en järngrind. På gården hängde det tvätt på tork och rabatter med blommor och grönsaker. Hus komplexet påminde mig om husen i Haga i Göteborg. Det kändes hemma här, jag gick in genom dörren som ledde ner till källaren där gruppen skulle möttes. Stentrappan var smal och hade formen som ett S eller som en slingrande orm. Det var mörkt och det pirrade i min mage. Vad skulle jag möta? Jag kom till ett upplyst utrymme med tända stearinljus, kuddar och liggunderlag på golvet. Trummusik hördes och gruppens ledare, Katja hälsade mig välkommen till fredagsgruppen.
Katja var en kvinna med långt svart hår och brinnande ögon. Hennes röst var djup och hennes gester yviga. Klockan blev 18 och dörren stängdes. Alla fönster i källarvåningen var täckta, stearinljusen brann i mitten av cirkeln. Människor satt runt de brinnande ljusen och

stämningen var förväntansfull. I mitten fanns mandalan där medlemmarna hade lagt viktiga föremål. Vi tog varandra i händerna och vi sjöng en sång. *"Vi flyger runt, vi flyger runt världen med våra starka stora vingar."* Katja tog sin skramla och kallade på andarna och helgade rummet. Hon skramlade runt oss för att skingra negativ, tung energi ifrån oss. Hon helgade rummet för att vi tryggt skulle kunna resa till andevärlden. Efter denna ceremoni presenterade vi oss för varandra och jag berättade vem jag var och hur jag hade hittat till dem.

Det var några som trummade med en rytm som det skulle vara lätt att flyga i väg med på en resa till den andra verkligheten. För att kunna komma till den andra verkligheten måste man gå ner i någon slags nedgång. Man talar om sin tunnel. Jag hade också en nedgång men att hitta sin personliga nedgång till underjorden är inte alltid så lätt. Själv har jag haft olika nedgångar till underjorden under åren. Någon gång har jag fokuserat inåt och gått ner via mig själv. Alltid har jag kommit till en grotta som är den platsen som jag färdas ifrån, till den andra verkligheten.

Jag kände rytmen i kroppen och golvet vibrerade och jag kom i trans. Jag kom till en tunnel med dimma. Långt borta skönjade jag en grönskade dal, jag såg också ett berg. Berget var detsamma som jag hade sett dagen innan, hemma i min säng. Då stod det ett rytande lejon på klippan. Men nu fanns han inte där på min första trumresa i fredagsgruppen. När trumfrekvensen tog slut fick alla berätta vad de hade sett eller fått för budskap. Detta var frivilligt och ingen kände sig tvingad att göra detta. Nu hade jag varit med om min första trumresa och det kändes väldigt naturligt. Kvällen fortsatte med nya resor och man bytte trummare. En av deltagarna ville att vi skulle göra en resa för hennes pappa som var mycket sjuk och troligtvis skulle snart dö. Vi gjorde en resa för Aulis. Jag såg en skärseld där han fick healing. Han snurrade runt, runt och elden slocknade efter ett tag men flammade till då och då.

Nästa resa kom lejonet med som är mitt kraftdjur. Han tog mig till ökenlandskap och vi kom fram till en stor sprakande lägereld. Lejonet dansade för mig och jag fick budskapet: *"Bli van vid mig"* Runt lägerelden dansade det människor. Jag kunde bara se deras ben denna gång. Jag förstod att det här var en by men det var mörkt förutom eldens sken, jag kunde inte se landskapet runt omkring. Jag hade fått lära mig att man skulle fråga många gånger för att få ny kunskap men jag kände att jag inte ville fråga varför vi var här och vilka dessa människor var. Intuitivt visste jag att svaren väntade på mig då jag var redo för dem. Jag skulle få veta eftersom jag är budbärare för något viktigt. Nästa resa tog lejonet med mig till universum. Jag red på honom på himlavalvet, kors och tvärs mellan stjärnorna och andra fenomen som finns på himlen. Lejonet förmedlade igen att jag skulle bli van vid honom. Jag hade varit med om min första trumsession och rest till den andra verkligheten som jag accepterade som en del av detta liv. Jag var på väg på min resa till att bli hel och få veta vad min uppgift är i den ordinära världen. Veckan därefter gick jag också till fredagsgruppen. Under den första trumresan kom jag till min grotta och där fanns nu en vattenfontän. Först var den liten men den växte under resan och blev till en stor fontän. På golvet finns det svarta platta stenar. De klapprar under mina fötter i samma takt som trummans slag. Plötsligt får jag se ett par lysande ögon, ett djur med glänsande svart päls. Panthera kom till mig, han är ett av mina kraftdjur. Resan fortsatte till ett ökenlandskap. Jag hamnade under marken och blev till en orm. Även den är svart och stor, Svarta Orm är också mitt kraftdjur. Jag slingrade mig fram under marken. När jag var framme hade jag kommit fram till samma by som jag hade varit då jag första gången gjorde en trumresa med fredagsgruppen. Nu var det ljust och jag såg allt klart, hela landskapet var sandfärgat. Det var en indianby och jag var en indianflicka med ljusa mockakläder och långt ljust hår. Indiantälten stod tät bredvid varandra. Jag kom fram till ett tält med en öppning som var öppen. Dit gick jag in. Jag såg en lägereld och vid den satt en gammal indian. Under denna resa hade ledaren av gruppen bett om hjälp för sitt onda knä. Indianen och jag satte in hennes knä i elden som brann i tältet. Tältet blev upplyst av en starkt och intensivt ljus. Efter detta hände det något märkvärdigt! Indianen gick in i mig och jag blev honom, vi blev ett och samma. Samma sak hade det hänt med Lejonet.

Andra trumresa förde mig till mitt barndomshem. Jag var indianflickan som flög runt i varje rum och lyste upp dem, dansade rengöringsdansen i storarummet. Jag flög vidare till lägenheten som jag hade bott med min fästman och ställde mig på sängen och dansade. Jag dansade bort all negativ energi, såg min mamma, pappa och fästman som alla var döda. Jag klappade dem och sa *"adjö"* och lämnade dem bakom mig. Jag hade valt att gå min egen väg. Det handlar om att släppa, låta vara, låta ske. *"Låta ske din vilja"*

När lejonet visade sig för mig första gången kom ett gammalt barndomsminne fram. Jag var väldigt mörkrädd när jag var liten. När jag skulle sova trodde jag att det bodde ett lejon under min säng. Ett lejon som skulle äta upp någon kroppsdel som inte låg under täcket. Så jag var väldigt noga med att hela jag låg under täcket. När det var varmt svettades jag men inte ens en tå fick sticka fram! Nu förstod jag att lejonet är mitt kraftdjur och istället för att göra mig illa så hjälper han mig.

Under hela våren träffade jag fredagsgruppen. Mina resor flög mig till olika platser och jag fick många fantastiska upplevelser och kunskap från den andra världen som jag skulle ta till denna verklighet. Allt tog jag naturligt emot utan att ifrågasätta om detta var humbug. Jag flög in i det svarta hålet som skulle komma tillbaka många gånger under åren som gick. En speciell resa kände jag hur jag lyfte fysiskt från golvet och skulle trummandet ha fortsatt skulle jag nog ha svävat på riktigt runt i rummet som vi befann oss i. Det var en mycket underbar känsla och jag fylldes av en mycket stor glädje och jag badade i ett enormt starkt vitt ljus.

Jag fick nya rum i min grotta vid olika trumresor. I en av ingångarna finns ett altare med två ljusstakar. Där la jag min katt Sippan som jag hade haft med min f.d. fästman då jag bodde i Göteborg. Jag frågade min guide Indianen, vad min uppgift är och fick till svar. *"Alla har vi vår uppgift"* Han satte en ljusstake i min hand. Ett klart budskap kom fram i många olika resor och det var *"Lär dig mer, studera mer"*. Men jag fick inga klara besked vad min uppgift bestod utav.

I gruppen uppstod det spänningar under hösten som kulminerade med att gruppen splittrades. Vi var egentligen ingen homogen grupp utan vi alla kom från olika kulturmiljöer. Om någon får negativa känslor till någon och inte hanterar dessa känslor inför sig själv och i gruppen leder det till konflikt.

Shamanism är en övertygelse med mycket kraft och energi. Denna kraft innebär makt och många människor utnyttjar makten för egen fördel. Makt i alla sammanhang måste användas för allas fördel inte för sin egen del. Många vill ha mer än vad den ska ha för sin uppgift. Jag har också fått makt, kunskap och ljuset. Alla dessa ting ska jag använda för min uppgift som handlar om att tjäna mänskligheten och ge av det jag har tillgång till. Jag har sökt efter en trumgrupp som jag skulle kunna gå regelbundet till. Jag besökte Paulin villan där en ung kvinna var sammankallade till träffen. Hon bestämde och var den som trummade. Det var möjligt att medverka med att trumma men det var hon som "reste" och berättade vad hon hade fått för budskap. Jag medverkade också med Susanne Aarnio och hennes grupp som var Johannes Setälä elever. Även i denna gruppen var det enbart ledaren som "reste" och berättade om budskapen hon tog med sig från andra sida.

I min syn på shamanism är att alla kan få budskap och min värdegrund är att alla är lika viktiga i gruppen. Jag har också medverkat ett par gånger i en villa som finns i Nordsjö. Då har det varit speciella ceremonier men även där har atmosfären varit på så vis att jag inte har trivs där. När jag senare skapade jag min egen grupp märkte jag att människorna sökte en stark ledare som förde dem med stadig hand på den shamaniska stigen. Jag hade andra intentioner med min grupp. Jag ville att alla skulle vara en lika stor del av gruppens dynamik. Min grupp blev igen succé och blev till slut en dans/ rörelse grupp efter Gabriel Roths 5 rytmer. Inte heller den blev någon succé.

Jag har efter mina egna försök att skapa en trumgrupp återkommit till fredagsgruppen som har fortsatt sin verksamhet.

Trummans födelse

Jag hade fått en ny riktning i mitt liv men nu var det dags att gå vidare. Jag hade träffat likasinnade som gick på den shamanska stigen och jag var en av dem. Men vad är en shaman utan sin egen trumma?!? Det var dags att se sig om hur jag skulle tackla detta behov. Jag gick in på de shamanska sidorna och där fick jag se att en trumkurs skulle bli av i Estland. Estland som min pappa föddes i och som är en del av mitt kulturarv.

Sommaren 2006 var mycket varm, Tanja och jag satt och väntade på tågstationen i Tallinn. Tanja hade jag träffat i fredagsgruppen och som också hade bestämt sig för att åka till kursen i Estland för att göra en trumma. Vi var inne i väntrummet för att köpa biljetter då vi såg en kråka som hade flugit in och som inte längre hittade ut. Den andades flämtande med öppen näbb och såg mycket medtagen ut. Vi studerade kråkans försök att hitta en väg ut till det fria men den lyckades inte. Till slut sa jag till Tanja vi måste rädda den och föra den ut. Tanja tog en filt eller något liknande och närmade sig sakta kråkan samtidigt som hon talade med den. Sakta, sakta kom hon den närmare och med ett släng med tygstycket över kråkan tog hon den i famnen och förde ut den till den friska luften. Det var en spännande början på denna shaman resa där jag skulle föda min egen trumma!

Vi kom fram till huset som var 100 år gammalt hus, här hade en snickare bott. Nu var huset tomt men hyrdes ut till olika grupper. Innan kursen hade vi till uppgift att ta med olika föremål. Bland annat skulle vi ta med en skallra. Hemma funderade jag varifrån jag skulle kunna få en sådan eller måste jag köpa den? Efter en kort stund kom ett minne uppflytande från hjärnans skrymslen. Det minnet var om de stora växtbaljorna som vi hade hittat, då vi var på en resa med familjen i söder. Jag gick ner i källaren för att leta rätt på dem och hittade min orm. Den skallran, den ormen har varit med mig sedan dess och jag använder den för olika ändamål. Jag hade ju innan dess fått ormen som ett av mina kraftdjur.

Vår första uppgift var att hitta en kraftplats med hjälp av vår skallra. Där skulle jag be om hjälp för att föda min trumma. Jag skulle också be om en kraftsång, en arbetssång som jag skulle kunna använda vid arbetet med att göra trumman. Vid kraftstället skulle det finnas ett träd. Träden har rötter som går ner i underjorden och som har kontakt med Moder Jord, vår allas moder och en del av vårt ursprung. Toppen, kronan har kontakt med himmel och den energin som finns där. Någon kallar den för Gud, jag kallar den för *"Gudomligheten"*. Där finns ljuset och där finns tomheten men detta hade jag ännu inte erfarit. Jag hade varit på färd så kort tid bara ett år på min nya väg till helheten.

Innan jag gick iväg med min orm för att leta efter

ett kraftställe hade jag sett en mycket stor fågel flyga över huset. Jag styrde min väg mot den riktningen fågeln hade flugit, samtidigt skramlade jag med min Orm och frågade om vägen. Jag kom till ett högt gräs och tänkte *att här kan man väl inte gå, inte finns det några trän här.* Men Ormen ville att jag skulle gå vidare, så jag banade iväg och gjorde en stig i det höga gräset. Efter cirka 10 meter kom jag till en liten kulle och där bakom växte det en liten gran och en liten tall. Det var en liten glänta med slån och gräs och bredvid en stor åker. På åkern gick det 3 stycken storkar som letade efter mat. Det var verkligen en uppenbarelse! Bredvid åkern fanns ett stenröse, stenarna var säker från då man hade skapat en åker i den steniga marken. Det hade nu blivit ett stenstaket som skyddade min kraftplats. Ja, kraftplatsen var en liten oas som man inte kunde se från huset vi vistades i. Bakom åker utbredde sig en tät granskog. Runt omkring växte det blommor. En gul blomma doftade mycket starkt. Senare fick jag veta att det var gulmåra och att den användes bland annat förr till att hjälpa nyfödda och för att få modersmjölken att rinna. Gulmåran är både Frejas och Marias blomma. Jag hade hittat min kraftplats!

Vi gjorde en trumresa för att få reda på *hur vi skulle göra trumman* och hur den skulle se ut. Vad som borde beaktas och vilka guider, krafter, energier skulle vara med då trumman föddes. Denna mellanvärlds resa skulle vi flyga tillbaka till vårt kraftställe med vårt kraftdjur och fråga där våra frågor. Men det innebär inte att du blir på denna konkreta plats utan du kan föras till andra platser i den icke ordinära verkligheten. En shaman kan resa till **undervärlden, mellanvärlden och till övre världen.** Mellanvärlden innebär att man färdas i den konkreta världen.

Vi skulle också fråga vad vi skulle ge bort så att vi skulle kunna få något istället. För så är det; du måste ge, för att ge plats åt något nytt. Därför skulle vi fråga våra guider vad vi skulle ge bort för att på så sätt få kraft till trumman.

Ledarna betonade att vi kan ta kraft från Solen, Moder jord och vårt inre, dessa är starka energi källor som vi alla har tillgång till.

Trumresa förde mig åter igen till indianbyn och där fick jag svar på mina frågor. Jag fick under resan vetskap om att jag ska börja *"hela"* och att bringa *hopp, tro och kärlek* till denna värld. Jag har blivit sänt, födds hit för den uppgiften skull.

Jag skulle ge upp min återhållsamhet, skydd, onödiga rädslor, garderingar, hemlängtan, min barnslighet och omogenhet. Konfrontationen med mitt ego var kraftfullt. Jag fick se mig själv i spegeln och se mina egenskaper som hade formats under årens lopp, för att bli en individ i ett socialt sammanhang.

För att bli en del av det sociala sammanhang som vi flesta lever inom, krävs det att man förstår de koder som finns mellan människor, förstår hur man ska bete sig. Insikten sa mig att jag måste lära mig att skydda mig mot negativ energi.

Människor som vill ta min positiva energi, jag måste lära mig sätta gränser. Inte be om förlåtelse för min existens utan ta min plats och känna att det är okey. Denna insikt var kolossal stor och jag kunde inte helt förstå vad det egentligen krävdes av mig för förändringar. Hur jag måste förvandla hela min personlighet men det skulle jag få vishet om i framtiden. Nu var det bara första steget till denna förändring som skulle faktiskt ta många år. Kursen uppläggning var att vi två och två skulle bilda ett team för att stödja varandra i trumtillverkningen. Vi skulle fråga i alla fyra väderstrecken vad skulle ge till vår partner. Fråga ska vi göra och ofta, vid elden som är ett viktigt element i trummans födelse. Vi skulle ju bända plankor till skelettet till trumman i det nästan kokande vattnet. Min partner var en mycket stark kvinna. Vi hade mycket roligt och skrattade för att lätta upp både det fysiska och det mentala arbete vi genomgick på kursen. Alla uppskattade inte vårt sätt att samarbeta och hur vår relation blev ett starkt band mellan oss.

Vi gjorde många trumresor och vi renade varandras tunnlar och gav varandra skydd. Det tog tid att få allas plankor till att böja sig till något slags skelett som man senare skulle kunna sätta skinnet på. Plankorna sattes i vatten som nästan kokade och vi fick mata elden hela tiden med ved och fylla tunnan hela tiden med vatten som ångade bort. Alla fick hjälpa till med varandras trummor. Det krävdes arbete med hela kroppen, benen, höfterna, underlivet fick jobba för att bända tallplankan. Till slut blev skelettet färdigt till trumman och nu skulle den få vila och bli tämjd till ett heligt verktyg. Arbetet tog hela dagen och jag kom sent i säng efter ett renade bastubad. För att få kraften, energin och svar på vad trumman skulle ha för uppgift rekommenderades vi att sitta ute en natt, *ute sittning*. Shamaner har gått ut i naturen i alla tider för att möta den andra verkligheten och få svar på frågor. Nu skulle jag sitta ute för att få svar på hur trumman skulle göras och vilken uppgift den hade. Jag gick till min kraftplats och satte mig vid den lilla granen och såg solen sakta gå ner och såg hur stjärnorna tändes. Det var en molnfri himmel men jag såg ingen måne.

Mina rädslor började samlas till en svart klump i min mage ju mörkare det blev. Till slut började jag sjunga för att hitta min kraftsång men istället blev det en sång om en liten fågel som flög upp i himlen som jag kom ihåg orden till. Jag skramlade med min Orm för att skingra mina rädslor. Mörkret skapade skuggor och skuggorna bildade gestalter. Jag kom i trans och fick besök av en liten svart björn. Jag talade med honom och bad honom komma tillbaks imorgon då jag inte längre satt på hans sov ställe. Han ville inte ge sig iväg och växte en aning i storlek, så gjorde även min rädsla. Benen kändes stela och jag blev kissignödig. Jag var tvungen att stiga upp och kissa och röra på mig. Jag fortsatte att sjunga och skramla och att fisa för att markera att nu var det här stället mitt.

När man sitter ute i naturen på natten är det först och främst sina egna rädslor man möter. Nu hade jag även ett möte med en björn som skulle visa sig vara mitt kraftdjur och trummans själ. Detta visste jag inte då jag konfronterades med mina rädslor och försökte skrämma bort den lilla björnen. Natten gick och jag klarade mig utan större intermezzon. Jag höll mig vaken och var full med information hur min trumma skulle bli till och vad den hade för uppgift. När solen gick upp gick jag till bastun och renade mig. Jag var full med kraft och energi. Hade fått svar på de frågor jag hade ställt.

Nästa resa handlade om att hitta sin eller sina guider som skulle stödja och ge goda råd vid trumtillverkningen. Jag hade redan Fader Indianen, Lejonet, Ormen och Panthera men ingen från den övre världen. Innan denna resa hade jag under en trumresa fått upplysningen att *"Bron till min galax var bruten"*. Denna insikten som jag egentligen inte visste innebörden av, skapade hos mig en stor sorg så att tårarna började rinna och smärtan kändes tung inom mig. Nu skulle vi göra en resa för att hitta våra shamaniska rötter och de lärare som ska hjälpa oss. Vi skulle först gå till vårt kraftställe och ställa frågan. Sedan gjorde vi en trumresa i det gamla 100 åriga huset som var vårt mötes ställe.

Långt, långt bort kom min andliga guide i den övre världen till mig. Jag kom till ett ställe där det stod ett vackert silverträd. Denna plats skulle jag återkomma till under många trumresor i framtiden och möta bland annat *Lille prinsen.* Min guide var klädd i turkosa kläder och hon visades vara min himmelske moder. Nu hade jag en Fader i den undre världen och en Moder i den övre världen. Här långt bort från Tellus ville jag stanna och inte återvända till jorden. Men min Turkosa Moder sa: *Släng bort din barnslighet, omogenhet, din flykt från ditt ansvar! Du har en uppgift som du skall genomföra!* Jag försökte få henne att ändra sig men hon var bestämd. Var denna plats, Sirius som jag senare fick någon slags vision om att det skulle kunna vara där jag mötte min himmelske Moder? Var det hit som bron hade blivit bruten? Har denna plats varit mitt hem någon gång?

Jag frågade igen om varifrån mina shamaniska rötter kom ifrån och då tog Lejonet och Ormen mig bortom stjärnorna. Jag blev ensam och la mig ner i himlavalvet. Där lät jag mig gungas av universum, mitt hem. Men min Moder kallade på mig och sa att jag inte kunde stanna. Hon sa att jag kan färdas mycket fort till min galax men meningen är att jag ska stanna på jorden. Hon sa också att hon kommer till mig i den ordinarie världen, till Tellus. Jag reste iväg med Lejonet och Ormen. De förde mig till Fader Indianen i indianbyn i den undre världen. Här har jag också levat, här har också varit mitt hem. Vi dansade och sjöng tillsammans och vi var mycket nära varandra. Mina shamaniska rötter finns alltså både hos min Turkosa Moder och Fader Indianen.

Vi gjorde en trumresa för att fråga vilken själ som trumman har och vilket slags skinn vi skulle välja till trumman. Jag hade studerat trummans skelett och sett olika gestalter. En av figurerna på trummans skelett såg ut som en björn och där fanns också en båt som jag kunde färdas i.

Björnen kom direkt till mig när trummorna började ljuda, han väntade på mig. Han tog mig till Fader Indianen som sa att skinnet ska vara *"tillräckligt"* stort. Han sa också att han skulle hjälpa mig få färdigt trumman och möta alla svårigheter med mig. Han ville börja göra trumman på en gång och var riktigt otålig. Jag fick också vetskapen att trummans uppgift var tudelad. Hjälpa allt till att börja leva och i livets alla skeden men även vid dödens port skulle trumman vara ett hjälp medel. Under denna trumresa förenades jag med Björnen, vi älskade med varandra. Min Turkosa moder och Fader indianen tittade på och välsignade vår förening. Vi skulle fråga våra lärare i den andra världen om råd om trummans tillverkning. Vi gick konkret till vår kraftplats och ställde även frågan där. Skinnen lades i en tipp och vi fick turvis gå in där med vår skramla för att välja ut vårt eget skinn till vår trumma. Därefter skulle vi ta med vårt skinn till vår kraftplats och meditera där med det i famnen.. Sedan lade vi alla skinnen i en damm som även trummans skelett hade legat. Jag fäste en sten i mitt skinn så jag skulle veta vilket skinn var mitt.

När jag drog upp skinnet nästa dag, från

undervärlden, hängde en skalbagge fast, den var helt vit, nästan genomskinlig. Jag trodde den var död och tänkte att jag skulle sätta den som en amulett som jag kunde hänga på trumman. Jag la den på min shamaniska hatt och en skarf på den så att den inte skulle föras bort med vinden.

Min partner och jag jobbade med vårt skinn, gjorde hål där vi skulle trä skinnband igenom. Det var band som vi klippte från samma skinn som vi hade valt från tippen. Det var jobbigt att klippa remsor som vi skulle använda för att fästa skinnet på skelettet till trumman. Ewa och jag kom som sagt vad mycket nära varandra under detta arbete. Vi skrattade och sjöng tillsammans och vår relation hjälpte oss i vårt arbete med trumman. Vi hade en balja med vatten som skinnet låg i för det måste hela tiden vara blött. Mitt vatten kom från bastun som är ett heligt ställe för mig.

När jag skulle visa den döda baggen till en av lärarna på kursen hade den börjat leva och förvandlats till en guldbagge med grön, guld färgade vingar. Vilken transformation! Jag förde den senare till mitt kraftplats. Den fick vila i granen tills den ville börja leva ett skalbaggs liv. Trummans skinn hade redan börjat sin uppgift och gett energi till ett nytt liv!

Skinnet var min baby. Jag vaggade det och sjöng för det vid Livsträdet. Det var en totempåle med tyg band. Vid detta Livsträd hade vi gjort övningar och ceremonier för b l a Moder Jord. Sedan började det verkliga jobbet, födandet av mitt björnbarn. Man ska dra skinnet ordentligt, så mycket som vi bara orkade och töja, töja. Det våta skinnet var följsamt men det tog på krafterna att få det stramt runt plankan, skelettet på trumman. Banden som vi hade klippt, använde vi till att fästa skinnet runt skelettet. Nu började födelsevärkarna, nu skulle trumman födas, mitt barn. Jag var ensam vid denna process men min gråt, min värk skapade en oro för Tanja som hörde mig och hon undrade om *"allt var okey och om jag behövde hjälp"* Jag behövde inte hjälp från henne utan jag tillkallade hjälp från den andra sidan. Födelseprocessen drog ut på tiden och var svårare än då jag födde mina två barn till denna världen. Jag kom inte i säng förrän efter midnatt någon gång.

Vi skulle göra en berättelse om trummans födelse som vi senare framförde på en åker. På åkern fanns en rund ö med träd och växter. Jag hade varit där och jobbat med trummans skelett och täljt plankan så att ändarna skulle kunna mötas smidigt. Först tänkte jag ställa mig vid den platsen men den var upptagen så jag fick hitta en ledig plats i cirkeln längre bort. Först märkte jag inte att platsen som jag stod på växte det ett äppelträd och en nyponbuske fanns också där. Korpen hjälpte mig vid framförandet av denna berättelse. Vi berättade på vårt eget modersmål så vi fick höra estniska, finska, engelska och svenska. Så det var nog så att korpen försökte översätta till de övriga som inte förstod svenska. Korpar var också med mig innan jag åkte till kursen och har varit med mig under min färd här!

Min berättelse blev så här:

Trummans födelse, Björnen.

Hur föddes trumman? Det är en lång historia både bakåt i tiden och allt det som har hänt här på kursen i Estland. Innan resan hit skulle jag ta med olika föremål, bland annat en skallra. Jag funderade varifrån jag skulle få en sådan? Men det behövde jag inte göra så länge förrän jag mindes de stora växtbaljorna som vi hittade på Kanarieöarna. Det var Ormen som kallade på mig! Ormen har sedan dess varit en ständig följeslagare, som finns i många olika skepnader. Här på kursen fick jag hjälp av många b l a Toni som sträckte till mig trummans skelett ur undervattnet. Ewa hjälpte till att forma och ge styrka och energi till trummans skapelse. Hennes kärlek som lyser som en sol var en mycket stor hjälp! Men även de andra i gruppen som deltog på denna trumtillverkningskurs. Det var mycket teamwork med mycket vilja, styrka, kärlek och beslutsamhet, många barnmorskor på plats!

Ewa gav presenter till trumman:
Två grankottar, den ena är feminin och den andra maskulin, den ena är döden och den andra födelse, den ena ljuset, den andra mörkret. Kottarna ger mig balans. Norr gav trumman styrka att orka, öster gav den stillhet och vishet, söder gav den glädje och väster gav den kärleken. Dessa energier hörs i min trumma och strömmar till mig och hela världen. Hon gav trumman en silverspindel.

Bastun har alltid funnits i mitt liv, här på kursen har jag förstått hur viktig den är för reningsprocessen. Den brännheta bastun som transformerar, med hjälp av björkriset, de heta ångorna, bränns skinnet, syndernas förlåtelse, rening som sker genom smärtan. Där i bastun förstod jag varför det måste göra ont för att man skall förstå, för att man kan födas, för att få kunskap......

Jag har börjat förstå hur viktig Björken är i mitt schaman arbete!

Jaana och Chrisse har från början varit mina lärare på

kursen och lett mig vidare i schamanens labyrinter. Deras trumning har gett mig både mod, styrka och kunskap. Genom dem kom jag till Turkosa Moder och jag såg helheten klarare. Berättelsen om hur Trumman fick sitt liv handlar om smärta och om helhet. Det handlar om att ge bort, ge upp saker och ting för att få något nytt. Ge upp sådant som jag burit med mig som hindrar mig från att växa. Det handlar om att gå igenom skärselden, ge elden mat, ge av det som skräpar, som hindrar trummans födelse. Jag frågade mina kraftdjur, Lejonet och Ormen, jag frågade min Fader Indianen: "Vad skall jag ge bort för att få kraft att göra?"

Vid skärselden skall jag ge upp min återhållsamhet, onödiga skydd, rädslor, garderingar, hemlängtan, min barnslighet och omogenhet. Jag fick också veta att jag skall hjälpa andra. Jag skall ge bort av min energi. Min uppgift är att bringa till denna värld hopp, tro och kärlek. Jag har blivit sänd hit, fötts hit för denna uppgift!

Elden, Vattnet, Vinden och Ewa hjälpte mig att forma trumman, skeletten blev till! Andra hjälpare var Kniven som är en förlängning av armen och av den heliga Anden fanns med i formandet av trumman. Kniven som fick hjälp av Solen, formandet skedde i en Ö mitt i åkern, där fanns ensamheten för örat, som får det att växa, så jag kan höra vindens budskap, fåglarna, granens budskap, stenarna. Ön var som en Cirkel, ingen början och inget slut- förutom Nirvana, hjälpte att forma trumman! Kraftkällan som är nära Moder Jord, Himlen och allt där emellan gav mig trummans själ. Därifrån fick jag livsträdet och framför allt, det var där vi träffades Björnen och jag! Björnen kom till mig den natten då jag satt ute. Jag såg den och trodde den var verklig. Jag försökte öppna ögonen riktigt ordentligt men kom ihåg att ju mer man öppnar sina ögon, ju mindre ser man. Man måste öppna sitt sinne och lyssna och se med hela kroppen. Jag försökte skrämma iväg den lilla, lilla svarta björnen och bad den komma tillbaks nästa natt. Jag skulle bara låna hans bädd för den här natten, men han ville inte gå men han kom inte heller närmare.

Trummans själ finns att hämta i kraftkällan. Källan som

människorna törstar efter, där finns Kunskapen, Makten och Visheten. Källan gav mig livsträdet till trumman, trumpinnen och spiralen. Livet går nog framåt men först måste man gå bakåt för att gå framåt. Jag fick hjälp av Hjälparen (som jag senare lämnade kvar på min Kraftplats). Källan gav mig mina rötter och idéer till en ny början med nya trum spirits, till nya uppgifter men en annan miljö än hittills. Men även från himlen, galaxen från min Turkosa Moder fick jag mina rötter.

Roten som är min nuvarande skallra fick jag därifrån, Källan som också är en hjälpare som ger information, upplysning från djupet. Bastun tog emot mina nya vänner....vi lyssnade tillsammans....renade mig, helade mig.

Björnen kom till mig under en trumresa och vi älskade med varandra. Turkosa Moder och Fader Indianen tittade på och samtyckte till vår förening. Livsträdet slog sig ner med sina rötter i trummans kropp och började växa. Trumman fick hjälp av Ormen så att den hittade sitt skinn, sin kropp, sin konkreta själ, som sänkes ner i undervattnet. Där den fick tid att få sträcka på sig och växa till sig. Stenen höll den vid liv och kontakt med övre världen och Stenen hjälpte också till att göra skallran som är av samma skinn som trumman. När skinnet hade fått tid på sig, drog det upp, med följde en "död" Skalbagge med. Den hade grabbat tag i skinnet och ville bli född. Den var helt genomskinlig, vitaktig, vingarna var utbredda. Han fick vila på Hatten. För att den inte skulle blåsa iväg fick Skarfen hålla den stilla. Där låg den medan jag jobbade med skinnet, efter ett tag lyfte jag på Skarfen och där fanns en inte längre någon död Skalbagge, istället hade döden blivit förvandlad till guldvingar med sprudlande liv. Det var en mycket vacker Guldbagge.

Själva födelsen av trumman, själva formandet av helheten, då skinnet sattes på, var en helt egen process. Ewa och jag satt tillsammans, Guldbaggen var hela tiden med. Först gick jag och vaggade skinnet som inte ännu hade något liv. Det måste väckas! Jag satt vid det stora Livsträdet och vaggade det och sjöng vaggsånger och ammade det. Sedan gjorde jag hål runt skinnet och klippte till det. Det var mycket smärtsamt! Skinnet och Ormen visade vägen. Processen drog ut på tiden, födelsen skedde först någon gång vid midnatt. Jag satt ensam med födelsesmärtorna som var hårda men slut fick jag skinnet på skelettet och Björnen hade blivit född! Bastun gav det välsignade vattnet och åter kunskapen varför smärtan finns. Efter födelsen gick jag tillbaka till Källan för att tacka för alla hjälp, Månen tittade på mig, det var dags att lämna Källan bakom mig. Jag plockade Gulmåra och tog med mig mina saker som hade hängt i granen. Då jag steg över gränsen hördes ett stort mullrande vrål som kom från underjorden. Det var Björnens vrål till mig! När jag försökte vända åter till Källan, min kraftplats fanns många hinder så jag hade mycket svårt att ta mig dit.

Resan har varit mycket lång och denna trumkurs har varit ett led i denna process som vill ge liv till denna själ som bor i trummans inre. Björnen konkretiserar den själen. Det har flutit många tårar, smärta, kärlek, respekt, förtrolighet, glädje, vishet och mycket annat både på hela vägen som har lett mig hit och på trumkursen. Jag vill tacka alla!

Sommaren 2006 i Estland
Star schamanen Lillu

Inom shamanism handlar det mycket om att lita på det som händer. Lyssna på sin inre röst och på de budskapen från den andra verkligheten. Man kan gå in i framtiden, se den, kunna påverka den. Visserligen finns framtiden hela tiden bredvid oss, likaså finns vår historia vid vår sida. Båda påverkar hur man lever i nuet.

När jag kom hem igen började jag jobba på en gång. Jag gjorde en skallra av det som hade blivit över av skinnet och en rot som jag hade hittat vid min kraftplats. Jag gjorde en ceremoni för min döde farbror och hjälpte honom att gå över till andra sidan. Jag hade börjat mitt shamaniska arbete på allvar!

Berättarstigen

Vilket ord vill bli sagt? Hur hör allt ihop? Varför är jag här? Vilka ord är mina personliga? Vilka ord helar och som jag ska finna? Orden som har en stor betydelse för mig, orden som får mig att förstå och ge mig lindring, orden som jag har sökt i alla de böcker som jag har läst. Alla de böcker som jag saknade då jag var liten som fick mig att frenetiskt söka efter de saknade orden, de som ger mig balsam. Nu är jag på väg till en kurs där jag ska finna de helande orden som är till för mig.

Nu hade jag en trumma som kunde föra mig till den andra verkligheten. Nu skulle jag vidare på den shamanismiska stigen för att söka de helande orden och den shamaniska prosan. Orden som helar och lindrar, ord som är personliga.

Innan jag åkte iväg på *"Shamaniska berättelser"* kursen år 2006 till Kustavi fick jag ett ord, ett begrepp med mig, *Zaana*. Jag visste inte alls vad det betydde men förstod att det var ett heligt, viktigt, personligt ord till mig. Mycket senare fick jag bekräftelsen att ordet hade en viktig innebörd för mig. Men då var det bara en melodi, en rytm, en slags energi som kom till mig. Det ljudade inom mig starkt och rytmiskt som en trummas slag.

Vi fick till uppgift att ta reda på vår *"ord guide"* som skulle vara med oss i vårt arbete. När jag promenerade runt på Hilma ön som kursen var på, kom många berättelser till mig. Här fanns landmärken från vikingatiden och här hade det funnits många olika slags människor vars berättelser ville komma till mig. När vi gick runt på ön skulle vi ställa frågor och fråga om vår "ord guide".

Zanna energin började kännas starkare då jag gick runt på ön. Jag fick lärdom om att det är en helande energi som jag kan använda. På promenaden såg och hörde jag två havsörnar som lekte med varandra högt uppe i skyn. Jag såg sjöfåglar, nötskrikor och enbären var mogna och lös mycket blå i solen. Det var en stark upplevelse att vandra på Hilmas ö. Jag hittade en ny nedgång till undervärlden på en av klipporna jag gick på. Den öppningen ner till min grotta började jag använda senare. Jag hade tagit med min trumma och trummade för min farbror och för mina kära vid landmärket från vikingatiden. Det var en mycket befriande vandring men jag kunde inte riktigt finna någon guide som skulle hjälpa mig att hitta mina personliga, heliga ord. Förutom då naturens egna tecken och ljud, jag tog dem till mig och var nöjd med det.

Vi fick en ny uppgift att gå vår berättarstig på en annan plats. Så vi åkte från Himla ön till en annan, större ö. Vattnet mellan dessa kallades Ström, där hade stora båtar, skepp passerat. Det fanns kvar stora järnringar som man med starka rep drog båtarna igenom detta skär. Skäret var inte brett och det var verkligen svårt att förstå att skeppen skulle kunna komma igenom. Det var djupt, så det var ingen risk ingen att de skulle gå på grund. Under den korta båtfärden förnimmande jag olika bilder som handlade om olyckor.

Då vi skulle gå vår berättarstig skulle vi fråga om våra shamanska rötter och ta reda på vår Ord bärare. Skallran, min Orm ledde mig och jag hittade många "tecken" på vägen. Orden bildas av det anden ger, det som jag ser på/vid stigen. Alla ord vi fick på vår stig, skulle vi skriva ner med franska streck och sedan forma orden till en berättelse.

Jag fick många berättelser då jag gick på min väg men jag gjorde bara en helt färdig.

Den heter *"Bröderna"* och handlar om bråk mellan två bröder. När jag gick på min berättarstig skrev jag bara ord, begrepp som kom till mig och skrev hela historien senare. Jag fortsatte på berättelsestigen och kom upp på ett berg. Där växte en tall som var helt silvervit. Den kallade på mig och jag la mig vid dess rot och lyssnade på trädets förkunnelse till mig. Jag fick kontakt med tallens inre och för mig uppenbarades en Silverman. Han var lik trädets färg men kanske mera vit. Jag fick följa med honom in i trädet. Där fanns ett rum med bord och stolar. På bordet fanns det ett vitt papper. Han talade på ett språk jag inte kände igen men jag förstod ändå vad han sa. Han gav mig en svanfjäder och uppmanade mig att börja skriva historier. Bland annat Blodiga historier om Finlands öde under inbördeskriget, . När jag skulle börja skriva på pappret med svanfjädern, rörde sig pappret så det var helt omöjligt att skriva ner några ord.

Silvermannen berättade för mig om hur det hade sett ut där vi befanns oss, för länge, länge sedan. Han berättade om hur vikingarna hade sitt läger här och hur deras hövding höll ett brännande tal om ett krig, en erövring de skulle göra. Rotens själ, Silvermannen förkunnade att i allt finns det många olika nivåer, det finns många olika berättelser. Berättelserna ligger på varandra som jordens olika lager i marken, det finns olika nivåer. När man finner en berättelse finns det fler att finna under den som också vill få komma fram.

Min guide är allas rötters början, jordens begynnelse och även jag är en del av jordens inre, våra allas rötter. Det var här jag fick visionen av jordens födelse. Visionen om att i allt finns allt, allt har varit allt, även jag är en del av allt och intet. Min ords guide vill att berättelserna skall få komma fram och att det är min uppgift att sätta ord på dem. Han sa att rötterna vet allt om vad som händer i världen, rötterna har kontakt med det som växer på marken. Rötterna går runt hela jorden och förenar hela jordklotet till en helhet. Jag fick uppleva hur jorden blev till från ett svart hål där inget fanns att fästa något på. Hur det hände en explosion och hur allt snurrade fortare och fortare och fördes samman till en klump. I visionen fick jag se mig själv som en liten partikel som snurrade runt bland allt annat. Det var den partikeln som färdades sedan till klumpen som hade blivit till Tellus.

När jag satt nere i trädets rotsystem fick jag att dricka. Jag fick dricka från källan, rent och klart vatten. Jag anade fler utrymmen som fanns ännu längre ner men dit kom jag aldrig. Jag vistades hos silvermannen, ett par gånger på denna kurs, som egentligen var Väinämöinen. Väinämöinen har efter denna kurs funnits med mig på min shamanska stig och gett mig stöd för min utveckling.

Berättelsen som jag skrev till en helhet

Det var en gång en man som färdades över djupa vatten. Han sökte efter en väg till försoning. Han kom till en strand. Där tog en svan emot honom. Den svanen var utsänd från himlavalven och var oändlig stor. Vingslagen kändes som en höststorm. Men mannen var inte rädd. Problemet han hade måste få ett svar, han måste vidare. Det handlade om en försoning med sin bror. Han hittade en vit fjäder som svanen hade tappat och han tog detta som ett gott tecken. Han gick vidare på försoningens stig. Han kom till en platå. Där satte han sig och väntade. Ur ett hål i marken fick han höra ett högt oväsen. Under jordens befolkning ropade högt något, i en kör. Han satte sitt öra närmare för att kunna höra. De ropade: "Akta dig, akta dig! Din bror vill mörda dig! Akta dig! Fly så blodet inte flyter och sugs upp av mossan, droppar ner till oss." Mannen reste sig hastigt upp. Vad nu detta? Var det inte en försoning hans broder ville ha? Var det hans liv han skulle ta? Mannen gick en bit från mötesplatsen för att kunna tänka. Där, där på marken hittade han en svart fjäder, dödens märke. Han hade hittat en vit och en svart fjäder som båda gav honom olika budskap. Han hörde en båt närma sig stranden. Hur båten slog mot stenen, till mötesplatsen. Han gömde sig snabbt bakom en annan sten och ville se vad som skulle hända nu! Brodern satt där och

tiden gick. brodern började bli otålig. Han tog upp ett
stycke trä och grävde i sina fickor. Han tog upp en kniv, en
vass lång kniv. Mannen såg hur eggen blänkte i solskenet
och drog andan. Var det alltså sant det som underjordens
varelser hade varnat honom för? Han låg där mycket stilla
och väntade. Solen gick ner och månen började lysa.
Brodern sa: "Nu får det vara nog, nu åker jag!" När
brodern tog sin båt och lät havsvinden föra honom bort
från stranden vågade sig mannen fram bakom stenen. Han
gick ett stycke och började klättra högre upp på berget.
Där fann han en sovplats på mossan under en tall. Där fick
han ro och somnade strax.

Under åren har mannen från silverträdet
uppmanat mig skriva om barnens, mödrarnas och
kvinnornas historia. Jag kallade honom
Silvermannen men som sagt, visades sig att han
var Väinämöinen. Han gav mig pennan som var
en svanfjäder och det vita, tomma arket. Han
talade till mig med en argsint röst på ett språk
som jag inte helt hållet förstod. Men jag vet att
med tiden och då det är dags kommer jag att
förstå vad han säger. Han bodde i trädet, i dess
rötter. Där fanns många rum, jag fick komma in
till ett av rummen och vi satte oss vid ett bord
och språkades. Min "ord guide" är alltså
Väinämöinen!
Vi hade också en annan uppgift och den handlade
om att hitta de helande orden. En kursmedlem
hade stort behov av healing och hon fick bli vår
klient. Vi gick ut på en shamansk vandring med
vår stav som vi också hade fått till uppgift att
hitta, för att hitta de ord som skulle ge henne
lindring. Det finns ord som helar och ord som är
bara för mig. Livet är ordet och ordet är livet.

Löven och grenarna har helande kraft. Med stavens hjälp gick vi runt i skogen och hämtade orden. Så här hittade jag mina ord:

Skogsutfärden

Enbusken tilltalade mig och gav mig ordet Enbär, det gick jag och smakade på och sa det högt. *"Enbär, enbär enbär…..* Det skrev jag upp. Men enbusken var inte nöjd utan jag fick gå tillbaks och lyssna ordentligt. Enbusken uppmanade mig att plocka enbär och sa att jag skulle äta och dricka dem. När jag plockade enbär stack jag mig och då föddes: *E ai Eli Eli*

Sedan gick jag vidare. Jag hittade en ny stav av björk som också var viktig. Den var tre delad så att den skapade tre vägar. En väg är avbruten, kanske står jag just där? Men livsträdet har fler grenar som är till för mig! Där jag hittade staven, fick jag nästa ord till mig: *plockepinn.* Träd och grenar låg i en hög över varandra, huller om buller. Även där växte det enbuskar. Jag försökte röja undan i högen som låg på enbusken men orkade inte lyfta bort grenarna, då kom ordet *Samarbete.* När jag stod där och arbetade hörde jag lövens sus i träden. En bit ifrån träd högen växte det en liten *Ek,* (här finns begynnelsen), en annan Ek växte en bit längre bort. Eken ger kunskap, orden, men kan också släcka ljus. *Stensöta* växten tilltalade mig förut men då lyssnade jag inte. Hur skulle jag kunna använda mig av det ordet, varför vad det ordet viktigt? Fick inget svar förutom att det kanske jag skulle kunna fundera ut senare. I alla fall föddes nästa rad i prosan då jag såg tre kantareller vid ett stort stenblock: *Fru kantarell är alltid säll, tar en stensöta hem"*. Uppe på stenblocket försökte jag med hjälp av staven föda fram de helande orden till en jämn ström av lindring. Inget direkt kom utan jag skulle bara läsa allt jag hade fått ihop. När jag gick tillbaks så mötte jag en amiralfjäril och då föddes: *Över berg och hav flyger amiral.* Så här blev de helande orden till en helhet:

Enbär enbär enbär, E ai eai Eli Plockepinn - samarbete
Lövens sus i träden Eken eken Här finns begynnelsen
Här har du ordet Ger både kunskap Men kan också släcka ljuset
Fru kantarell är så säll Fru kantarell är så säll
Tar en stensöta hem Tar en stensöta hem
Över berg o hav flyger amiral Ger dig vetskap

Denna prosa, som också blev till en sång framförde jag med hjälp av staven som bestämde takten.

Nu hade jag en trumma, de heliga, läkande orden, kontakten med den andra verkligheten. Jag hade hyrt ett ställe i Helsingfors, där man kunde träffas och trumma tillsammans, göra ceremonier. Jag kallade gruppen för Zaana gruppen och hade stora förväntningar att nu skulle mitt shamanska arbete få en platå att utgå ifrån.

Det blev inte någon direkt rusning till min trumgrupp. Jag fick för det mesta vara där ensam. Stället kändes inte heller så bra, jag kände mig inte så trygg där. Där fanns många fönster som jag inte kunde täcka. Det visades också senare att hon som hyrde stället till mig hade tittat in genom dem. De som bodde i huset kunde komma till lokalen andra vägen och kom också vid ett tillfälle. Med andra ord var inte integriteten så bra som den ska vara när man går i trans för att komma till den andra verkligheten. Det är mycket strikt att när man har öppnat det *"heliga rummet"* kan ingen komma och bryta skyddet man har skapat.

Jag hade trumgruppen Zaana en tid men sedan gick jag över till att ha dans efter Gabrielle Roths 5 rytmer. Detta var också öppet för allmänheten. Intresset för den "befriande dansen" var inte heller så stort så där var jag också för det mesta ensam. Dansen kommer jag att skriva mer om senare i boken.

Nu hade jag fått pröva på att leda olika grupper och tänkte att det var nog inte för mig. Fick också vetskap att jag skulle ha tålamod, lära mig mer innan jag skulle vara redo.

Egna tankar, mitt liv innan den shamaniska stigen

Jag har alltid varit intresserad av filosofi, psykologi och det som ifrågasätter självklarheter. Jag minns väldigt tydligt ett ämne jag skrev om i gymnasiet. "Vad är liv? Är det dött det som inte lever? Tex. en stol." Trädet var levande innan man hade fällt ner det, hade rötter som slingrade sig djupt ner i dem mörka jorden. När man har tillverkat en stol av det levande trädet; Är stolen, då dött eller levande material?

Då jag läste i boken "Att välja glädjen" av Deepak Chopra, många år senare, fick jag faktiskt svaret på min fråga. Han skriver att varje fast kropp, alltså mitt exempel "stolen" består av molekyler och att molekylerna består av ännu mindre enheter som kallas atomer. I boken tar han exemplet av just en stol som består av atomer så små att de inte kan ses utan hjälp av ett starkt mikroskop. Han skriver vidare att de pyttesmå atomerna består av subatomära partiklar som är vågor av energi och information. Han konstaterar att stolen är faktiskt "levande".

Även Feng shui beskriver att allt material vibrerar och sänder ut energi, både nedgående och upplyftande energi. Det är egentligen ingen som förnekar detta faktum att allt vibrerar och sänder på så vis ut energi. Bara för att vi inte kan se dessa vibrationer, denna energi så betyder det inte att den inte finns.

De flesta i min omgivning valde att inte ifrågasätta självklarheter och fortsätta sitt liv i samma spår utan att försöka se bortom det som kallas verkligheten. Så redan då jag ifrågasatte min omgivning och verkligheten, började jag gå min egen väg för att söka sanningen.

Jag hade redan som liten ifrågasatt det som fanns runt omkring mig. Jag skrev dagbok redan vid 12-års ålder om saker som jag undrade över. Begreppet "Varför" blev en följeslagare och har varit en röd tråd i mitt liv. Jag har många gånger mött hinder och slagit huvudet i väggen men jag har aldrig slutat fråga.

Efter att jag hade fått min yrkesutbildning klar som förskollärare kände jag mig mycket låst och fastbunden. Jag läste om en utbildning i dramatik på teaterhögskolan i Göteborg. Där stod det: *Du har ett eget liv. Lever du det?"* Detta fick mig att fundera på hur jag levde. Levde jag verkligen mitt eget liv eller hade jag hamnat i ett ekorrhjul. Levde jag någon annans liv eller efter något livs mönster med färdigt manus? Just då var mitt liv i turbulens. Jag hade skilt mig från min fästman och var emellanåt mycket deprimerad. Jag ville verkligen komma vidare med mitt liv och själv bestämma hur jag ville leva det.

Jag började på Göteborgs teaterhögskola, på dramatiklinjen i början av 1980 talet och då blev Jacques Dropsy känd för mig. Dropsy utvecklade en arbetsmetod, psykotoni som handlar om basal kroppskännedom   som   ger   ökad kroppsmedvetande och en balanserad hållning.

Jag fick lära mig fokusera på hur min kropp kände sig och de signaler den gav mig om min mentala hälsa. Detta skulle jag ha en bra användning för längre fram i mitt liv. Det hände mycket i mitt liv just då. Jag flyttade från Göteborg 1984 till Helsingfors för att pröva mina vingar. Jag började jobba på Barnaföreningen i Helsingfors som förskollärare. Det var inte lätt att helt plötsligt bli ensam i en främmande stad. Språket kände jag men inte alls på det sättet jag hade använt det. Min mamma var från Finland. Vi hade utvecklat ett eget språk som liknade mest rotvälska, ett kommunikations språk som bara vi förstod. Hon hade tagit sitt liv då jag var runt 20 år och nu ville jag komma tillbaka till de rötter som hon hade gett mig.

Så här skrev jag på hösten 1984 efter att ha flyttat till Helsingfors.

Det här med Finland kommer ge mig många steg mot mitt mål. Jag älskar, jag vill ge, jag vill ha
Mina drömmars mål skall jag inte ge upp jag skall fortsätta att vandra min väg.
Jag vill sitta på en sten i skogen
räkna myrornas steg
se droppen som hittar mossans mjukhet
ljuset som blir till mörker
skuggor som dansar i en täthet av liv
Jag vill vila min hand mot jordens sköte
låta allt få liv i min kropp
Förena mig med alla väsen
Vi dansar fram den nya dagen
Jag vill sitta på min sten i skogen
och känna att jag fullbordat min uppgift
ännu ha tid att leva
se stigar som leder vart som helst

men ändå vara fullkomlig
på min sten
allt jag vill ha finns runtomkring, strax intill
Jag behöver inte längre leta rätt på nya stigar
följa dom till sitt slut
utan veta att min stig är här
på min sten
Lillu

Jag kan inte säga att det var så här kände jag mig. Snarare var jag mycket ensam och kände mig väldigt utanför. Allt det jag upplevde i denna nya miljö ledde till att jag fick en mycket djup depression. Det var den andra i mitt liv. Den första var då min mamma hade tagit sitt liv och jag hamnade i ett svart hål. Nu försvann också marken under mina fötter och jag försvann i ett likartat tillstånd med mörker omkring mig.

I min nuvarande tillvaro fanns det mycket som jag inte förstod. Mitt sociala umgänge bestod utav pub och restaurang människor, förutom arbetskamraterna. Jag hade inget annat sätt att komma ut från min ensamhet Den finlandssvenska kulturen var helt främmande för mig och jag upplevde en kulturchock. Jag fick en mycket djup depression och sökte hjälp för mina självmordstankar. SOS var en organisation som Lukas församling ansvarade för. Där fick jag 10 gånger terapi hjälp för min ångest. Jag fortsatte att jobba men tänkte att i Finland ville jag inte stanna! Jag hade en reträtt väg för jag hade kvar mitt kontrakt på lägenheten i Göteborg så jag åkte tillbaka till min hemstad. Men så blev det inte! Jag åkte tillbaka till Finland och jobbade som vikarie på daghem och språklärare. Jag bildade familj och fick 2 barn i. Detta äktenskap varade i 30 år sedan skiljde jag mig och för första gången i Finland fick jag en egen lägenhet. En annan stor vändning i mitt liv var då jag blev pensionär efter 30 år som förskollärare för Helsingfors stad. Men allt detta hade jag ingen aning vid det här läget utan nu fortsätter jag med det som ledde mig till att bli en hel människa. Allt det jag har fått gått igenom i mitt liv har haft betydelse för att kunna vara öppen för de krafter, den energi som är tillgänglig för mig. Hade jag haft ett lättsamt liv och inte hade upplevt trauman av olika slag hade mitt liv utvecklats annorlunda. Nu med facit i handen så förstår jag varför allt har varit nödvändigt.

Kan inte sjunka in i molnet blunda och lyssna
Låta min kropp dansa
Mina fingrar känna
Öppna mitt sköte och ta emot kärleken
Jag tillåter mig inte att få uppleva ljuset
Jag omger mig med mörkret och tassar försiktigt omkring
Med spända muskler och stela ögon
Känner sylvassa stenar tränga igenom mina fotsulor
Jag skyndar fort förbi
Försöker hitta mjuk sand som jag kan sjunka in i
Vila mina söndertrasade fötter
Då finns åter dörren framför mig
Men står ändå och tvekar
Därinne bor det kanske ormar eller något annat som är värre
Än att se sig själv förblöda och samtidigt veta
Att jag vill, vill, vill
Men är rädd
Rädd för troll med stora öron och krulligt hår och lustiga kläder Och som kan gå barfota
Lillu

När min pappa fick cancer ville jag vara med honom på hans sista resa. Han fick sin diagnos 1997 och blev inlagd på ett terminalsjukhus sommaren 1998. För att kunna vara med honom fick jag resa flera gånger till Göteborg. För varje gång jag kom till honom fick han ny kraft att leva. Överläkaren sa till mig att jag måste släppa min pappa och säga till honom att han får lov att dö. Jag var alltså tvungen att säga till honom att han har lov att dö, att jag klarar mig bra utan honom, att han inte behöver stanna kvar för min skull.

Cirka 1 månad, 22.8.98 innan han slutligen dog skrev jag följande då jag satt vid hans säng:

Maktlöshet. En känsla av att inte ha kontroll, inte kunna stoppa tåget. Men är det nödvändigt att ha kontroll, stoppa tåget, förstå allt på ett intellektuellt vis? Varför kan jag inte lita på intuitionen, allt behöver inte sättas in i de s.k. upplärda facken. Där svar finns hur allt skall vara, hur man skall göra, hur man skall säga. Kanske jag skulle våga se bortom lådan med svaren och se mot ljusen och ett annat sätt att svara på frågorna, inte fyrkantigt, inte med ord, utan med känslan, bortom denna existerande värld. Den bild vi har av verkligheten, vad vi har satt upp, vad som är rätt och vad som är fel.

Att värdera andras sätt att leva, klä sig etc. är inte möjligt, inte intressant, är slöseri med tid. Att försöka uppnå maximal kunskap hur jag skall vara, säga, klä mig, vad som passar sig, försöka lista ut vad andra tycker om mig, hur saker skall vara är slöseri med tid. Den energin skulle vara bättre att använda till att acceptera ljuset och dess kunskap, fullständighet, fullkomlighet.

Min pappas död fick mig att stanna upp i min vardag och börja fundera på mitt eget liv. Jag ville förstå livets väg och vad det innebar för mig. Jag satt på ett tåg som rullade framåt utan jag kunde styra min egen väg. Jag kunde inte stoppa det eller stiga av tåget som framskred med full fart. Egentligen hade jag inte någon aning om vad jag själv ville med mitt liv, vilken uppgift jag hade, på vilken stig jag skulle gå, vilken uppgift som var min, som skulle fullbordats.

Jag började ifrågasätta min yrkesroll. Jag hade barn, familj och ett arbete som jag gav hela min själ till. Jag jobbade med barn och vet nu att yrkesvalet var ett sätt för mig att hela mitt eget sårade barn inom mig. Även mina egna barn blev en förlängning till mina egna barndomstrauman. Detta var jag inte alls medveten om under den här tiden utan istället växte en stor ilska inom mig. Jag hade fortsatt leva efter mönster som styr vårt samhälle i en social miljö. Där vi alla ska dra sitt strå till stacken och kunde du dra flera än ett, så var det ju bra. Jag hade verkligen gjort så och nu ifrågasatte jag min insatts i samma veva som jag upplevde en stor ilska för min fars bortgång. Jag hade varit hos min pappa många gånger för att vara med honom vid hans sista andetag. Jag kände ingen rädsla för döden utan ville vara hos honom då han gick vidare till andra sidan. När allt var över och han kunde dö i lugn och ro så fortsatte min ilska att växa inom mig. Jag ifrågasatte min arbetsinsats och det hela slutade med att det blev en häxjakt på mig. Jag slutade på den arbetsplatsen där mina arbetskamrater hade vänt sig mot mig. Min väg fortsatte och jag började på ett nytt daghem.

Ilskan gav mig stor kraft och jag började fortbilda mig inom mitt yrke. Ilskan gav mig kännedom om mina känslor, känslor som sitter i kroppen och känns som en fysisk smärta. Jag var tvungen att hitta verktyg i min vardag så att jag skulle orka gå framåt och få en motpol till min ilska. Medveten närvaro övningar blev ett sådant verktyg och Chopras "Vägen till kärleken" meditations övningar.

Jag hade läst psykologi, olika böcker om självkännedom och andlig litteratur men min kunskap räckte inte till för att jag skulle kunna känna ro i mitt liv. Jag läste och gjorde övningar från Ringoms bok "Tänk positivt" som blev en livlina i mitt liv. Jag gjorde kontinuerligt de olika övningarna för att kunna se framåt. Jag läste också om något väldigt spännande som handlade om energi källor i vårt inre som hade kontakt med kosmos. De kallas för chakror, snurrande hjul som var alla kunde få tillgång till. Med hjälp av chakrorna kunde jag placera min ilska och alla andra känslor jag kände men även Dropsy övningar och yoga gav insikt att kroppen är en stor del av mig.

Jag hade blivit utsatt för en häxjakt på den arbetsplats som jag hade lämnade men även på min nya arbetsplats var det omvälvande. Jag fick "burn out" som tvingade mig att söka vidare mot ljuset, som egentligen alltid har funnits i mitt liv men som jag inte kunde nå. Så min väg mot helhet gick vidare, smärtan var min följeslagare och tvingade mig att söka lindring.

SPÅREN I HJÄRNAN känns i KROPPEN

Minsta lilla tanke
som skapar minsta
lilla känsla som
påverkar en minsta
lilla rörelse i kroppen
ska jag granska
Jag sätter den i min hand
och frågar den:
Varifrån kommer du?
Jag ska hålla den som en fågelunge i min hand
och lyssna varsamt dess historia
Lillu

Eftersom mina barnupplevelser har gett mig ett "sårat barn" inom mig, har jag alltid varit intresserad av hur barn utvecklas och hur olika trauman syns i våra liv. Jag började min utbildning till förskollärare 1976 med att jobba som medhjälpare på ett daghem. Egentligen skulle jag först ha gjort praktik men eftersom jag hade en egen lägenhet och måste kunna försörja mig, ordnade jag detta på något vis. Det var egentligen inte heller möjligt att börja jobba som medarbetare utan erfarenhet och det var också ett krav innan jag kunde söka till utbildningen, att jag hade 6 månaders arbetserfarenhet. På något sätt fick jag ändå igenom detta.

Förskolseminariet som jag sökte till fanns i Göteborg, i min hemstad. Under tiden som jag studerade där blev det till en högskola. Utbildningen började i januari 1977 och det var med stor entusiasm jag startade min yrkeskarriär. På sommaren 1977 hände en traumatisk händelse, min mamma gjorde självmord och det var jag som fann henne. Jag sommarjobbade på ett sjukhus som städare, då jag fick en föraning om att något hemskt hade hänt. Jag åkte hem under lunch rasten för jag hade en tung känsla inom mig och intuitivt visste jag att min mamma var död innan jag satte nyckeln i ytterdörren och fann henne liggande i sängen. Den övriga familjen var alla bortresta. På den tiden fanns det inga mobiltelefoner och jag hade inget nummer så att jag skulle tinga. Jag fick vänta till kvällen innan jag kunde dela min chockkänsla med den övriga familjen. Innan dess hade polisen ringt och frågat kring omständigheterna eftersom hon hade dött hemma måste man kolla om det förelåg något brott kring hennes död.

Jag fortsatte min utbildning i augusti då skolan började och blev om ännu mer intresserad av barnpsykologi. Men jag hade inte vid denna tidpunkt bearbetat den traumatiska händelsen som mammas självmord innebar utan kapslade in den.

Denna instängda sorg var inte den enda i mitt liv. När jag föddes blev jag inlagd i en kuvös för jag var i princip död. Min mamma födde mig ensam i ett s.k. vädringsrum. Hon lyckades få ut mig men jag andades inte. En sjuksystern som kom in i rummet för att ta blodprov på min mamma, blev så chockad att hon tappade brickan i golvet. Jag blev lagd i en kuvös men jag vet inte hur lång tid jag låg där. Jag har också legat på sjukhus en längre tid för undersökning av alla mina öroninflammationer och då jag var 2 år gammal. Alla dessa traumatiska händelser bryter det viktiga bandet mellan mor och barn som är en förutsättning för en bra start i livet. Anknytningsteorin handlar om växelverkan mellan primär vårdaren och barnet. I anknytningsteorin framkommer det hur viktigt de första åren är för människans fortsatta utveckling är. Vårdaren, vårdarnas mentala hälsa har stor betydelse för hur barnet upplever sin identitet. Hur man *tar* i barnet, hur lyfter man upp det, hur man *ser* på det lilla barnet, på vilket sätt man *pratar* med barnet, har mycket stor betydelse för barnets välbefinnande. Barnet har en stor förmåga att känna och uppleva atmosfären och vårdarens bemötande. Barn behöver trygghet och sunda känslomodeller för att lära sig förstå sina egna inre signaler.

Är familjemiljön en kaotisk plats med stora eller mindre problem måste barnet rikta all sin uppmärksamhet mot detta. Med tiden förlorar barnet förmågan att utveckla sin egen självkänsla. Den måste söka nya vägar för att få sina behov tillfredställda. Om spädbarnet inte får den närhet som den behöver kan inte jagkänslan utvecklas till det genuina Jag som vi alla har inom oss. Barnet måste hitta olika strategier för att överleva. Fortsätter det på den vägen skapas synapser, *spår i hjärnan* som får djup förankring och bygger upp handlingsmönster.

Eftersom min mamma hade psykiska problem och försökte "dränka" dem i alkohol så var hon inte alltid den närvarande vårdaren som jag skulle behövt för att få den självkänsla som vi alla borde ha. När min mamma var okey så var hon den bästa mamma som man kunde ha och hon var mycket viktig för mig. Hon gymnastiserade mig och jag var tidigt motoriskt utvecklad. Jag kunde gå innan jag fyllde 1 år och kunde klättra ur en spjälsäng då jag låg på sjukhuset då jag var 2 år gammal. Det var bulldoften som lockade mig till köket som låg en bit ifrån rummet jag vistades i.

När hon var både fysiskt och mentalt närvarande hade jag en stark relation med min mamma. Jag hade ett speciellt band till henne som påverkade mitt liv och som jag fick jobba mycket med för att kunna släppa. Det är väldigt många av oss som aldrig får möjligheten till att bygga upp en sund självkänsla utan istället måste skapa överlevnads strategier. Föräldrar gör det bästa som de har möjlighet till men vi har inte alltid den kunskapen som gör oss till harmoniska individer.

Vi föds alla med **biogenetiska behov** som inte är inlärda. Vissa av dessa behov tillfredställs automatiskt (t e x värmereglering) medan andra är barnet beroende av omvärlden tex. mat och vatten. Andra medfödda behov är **primärt varseblivnings behov** (perceptionsbehov) som uppträder strax efter födelsen och som leder till utforskning av omgivningen.

Hur många blir inte stoppade när vi utforskar vår omgivning? **Det** är väldigt vanligt att föräldrarna eller någon annan vårdare fostrar barnet med både knäpp på fingrarna, lugga det eller ta i barnets öra. Aga är en vedertagen uppfostringsmetod som är fostrarens skyldighet att använda enligt Bibeln. Själv har jag har minne av att jag fick utforska min omgivning rätt så fritt och var ute och lekte på gården.

De tidiga erfarenheter blir till den grund som den vuxne har med sig då hon utvecklas och är därför beroende av den inlärning som sker de första åren. Dessa erfarenheter är mönster som uppstår vid den viktiga stimuleringen som måste ske då barnet har föds. I denna tidiga erfarenhet ryms de stimuleringar av barnet som sker i en normal miljö, både genom barnets egna rörelser och vad omvärlden ger av ljus, ljud, färger osv. Barnet är alltså beroende av dessa tidiga erfarenheter för sin fortsatta utveckling. Ett viktigt stimuli för barnet är det mänskliga ansiktet. Barnet upplever detta perceptiva mönster som intressant och försöker att upprepa och förlänga denna stimulans.

Om barnet inte får mat då det är hungrigt och sockernivån sjunker i blodet uppträder det sammandragningar i magsäcken. Dessa sammandragningar upplevs som smärtförnimmelser. Samtidigt påverkar blodets kemiska sammansättning hungercentrumet i **hypotalamus området**. Den kroppsliga aktiviteten ökar och barnet känner sig rastlös.

Dessa handlingar som barnet utför för att tillfredställa sina behov byggs upp av målmedvetna koordinerade rörelser. Dessa handlingssynteser består av rörelser som bildar en helhet.

Behoven måste tillfredställas därför handlar barnet. **Varje rörelse, tanke och känsla utgår från ett behov.** Barnet försöker tillfredställa sitt hunger behov genom att skrika. Det är det enda sättet för ett barn att uttrycka sig. När hungern är stillad inträder en avspänning som upplevs som lustbetonad. Barnet avslutar handlingen så snart behoven blivit tillfredställda och jämvikten blir då återställd. Behoven som barnet har **skapar ett mönster av olust och lust.** Barnet upplever bl.a. känslor av glädje, vrede och ledsamhet. Behoven är drivkraften till en stor del av vårt beteende, motivationen till många av våra handlingar. De grundläggande behov som barnet känner skapar obalans och därför måste barnet handla för att få en kroppslig och mental balans.

I Finland verkade en barnläkare, professor och arkiater, Arvo Ylppö (1887-1992). Han förespråkade att barn skulle ha 4 timmar mellan målen. Jag var på en skolning som handlade om "arbetsgemenskap". Psykologen som föreläste om detta berättade hur hon förbannade Ylppö för detta. Hon själv hade fått stå ut med att hennes mamma följde det som denna auktoritet hade deklarerat. Vi vet nu att barn har olika matvanor och har en egen rytm som man inte kan sätta klockan efter. Ja, så nog finns det en och annan som inte har fått sin primärvård som den borde. Människan har inte enbart biogenetiska behov utan även andra behov. Barnet har tex. **sociogenetiska behov** som utvecklas i växelverkan med omvärlden. När dessa behov har lärts in fungerar de på samma sätt som ett medfött behov och blir starka drivkrafter till handlande. Många av de sociogenetiska behov lagras över de biogenetiska behov. *Hur* dessa blir tillfredställda blir en fråga om social inlärning och det finns ett starkt samspel mellan de olika typerna av behov.

För att förstå hur vår självkänsla byggs upp måste man gå tillbaka till sin uppväxt. Det är inte lätt att komma under slöjan av infrysta känslor som uppstår då något går fel. Men jag vill säga att arbetet med sig själv och sina erfarenheter som har skapat spår i vår hjärna och känns kroppen, är all möda värt!

Jag lärde mig mer om barns multipersonella värld då jag studerade till pedagogik magister. Redan då jag studerade till förskollärare hade jag läst Birgitte Diderichsens bok "Barnet som samhällsmedlem. Det handlar både om genotyper och fenotyper. Då var jag mer politisk inriktad och fokuserade på barns möjligheter i det kapitalistiska systemet. Det är skillnad på resurser i familjer i olika klassnivåer. Det handlar både om pengar och kunskap. Klart är att utveckling sker i ömsesidiga processer mellan miljöpåverkan och biologiska förutsättningar. Barnets kulturella och sociala värld är de yttre betingelser som barnet konfronteras med, alltså barns multipersonella värld.

Utvecklingsprocessen kan antingen underlättas eller bromsas upp av ett komplicerat samspel mellan kulturella förhållanden och sociala interaktioner. Men även barnets personliga möjligheter och begränsningar påverkar dess utveckling. Kontexten, miljön påverkar också barnets utveckling och det är vuxnas uppgift är att "översätta" de olika kulturella koderna som samhället utgår från.

Denna integrationsprocess kan emellertid försvåras om vuxna inte har förmågan att lyfta fram och tydliggöra meningen med de verksamheter barnet involveras i.

Min kontext var motstridig, mitt modersmål var finska och jag växte upp i en finsk kultur. Min svenska lärde jag mig på "gatan" och i skolan då jag började där. Alltså var jag ett invandrarbarn som fick leva i två olika kulturer. Min pappa hade flytt från Estland under andra världskriget och min mamma var ursprungligen från Finland. De mötes i Kotka på restaurang Kairo efter kriget. Min äldsta syster föddes 1952 i Göteborg dit mina föräldrar hade flyttat. Familjen umgicks bara med finska och estländska familjer, så mina svenska kontakter fick jag då jag var ute och lekte och i skolan. Visserligen umgicks min mamma med grannarna men eftersom hon inte kunde svenska blev dessa relationer inte så ofta och djupa. På femtitalet fanns inte hemspråksundervisning och jag fick heller inget annat stöd för mitt modersmål.

Detta resulterade till att jag har tappat mitt modersmål och att svenskan har blivit dominerande. Eftersom jag har läs och skrivsvårigheter och för övrigt svårt med min inlärning har jag ännu inte kunnat få tillbaka mitt modersmål. Jag har svårt överhuvudtaget lära mig språk och då jag studerade till ped. magister i engelskan tog läraren hänsyn till detta.

I skolan mötte jag en annan värld än jag var van vid. Första skoldagen var min mamma med mig. Hon stod längst bak med de andra mammorna och vid ett tillfälle kom hon fram till mig och drog mig i håret och sa: "Så här får man göra med Birgitta då hon inte lyder". Vet inte om hon kunde säga det på svenska så hon var tvungen att visa det. Jag minns ännu i denna dagen hur pinsamt det var! Jag har förstått mycket senare hur denna incident skapade skamkänslor jag har burit på sedan dess. En annan situation från de första åren i skolan var då jag fuskade på en rättskrivningsprov och blev slagen på fingrarna med en linjal av fröken. Jag hade mycket svårt att lära mig stava och ville så gärna vara bra i skolan som alla andra. Jag försökte nog läsa till proven men fick öva till proven själv och det gick inte så bra. Den morgonen då vi skulle ha rättskrivningsprovet såg jag hur en skolkamrat hade läseboken uppslagen så att han kunde se hur orden stavades. Jag följde hans exempel men blev fast!

Det var väldigt klart att fröken föredrog de

pappor som hade "blanka knappar". Det innebar att de pappor som hade välbetalade arbeten och hade skolning var mer populära hos fröken. Jag minns en skolkamrat som hade dåligt betyg i kristendomskunskap (det ämnet var det enda som jag hade godkänt i). Hennes mamma gick och pratade med fröken hur viktigt det var att flickan skulle ha ett högre betyg än det hon hade fått. Hennes pappa var flygkapten med "blanka knappar", givetvis fick flickan bättre betyg! Mina föräldrar hade ingen kontakt med skolan (förutom min första skoldag) och fick information med hjälp av ett litet blå häfte. Minns hur fröken hade skrivit om att jag hela tiden kom för sent till skolan. Det stod: *"Var vänliga att skicka Birgitta till klockan åtta till skolan!"* Det fanns gungor innan man kom till skolan och jag blev kvar där istället för att gå till skolan.

Kulturintegrationen och barns utveckling äger rum i mellanmänskliga dialoger. De sker i utvecklingen i relationer där *mening, betydelse och handlingsmönster* rekonstrueras för barnet. Kulturen svävar inte fritt i ett tomrum utan är knuten till traditioner som karakteriserar samhällsinstitutionerna. Barnets identitet och självuppfattning förankras på detta sätt i vardagens gemensamma handlingar i kulturens institutioner. I samspel med andra kan barnet skapa innebörd i sin omgivning och genom sin förmåga att ta en annans roll eller perspektiv utvecklar barnet medvetenhet om sig själv och andra. Kompetensen kan sägas vara individens möjliga handlingsförmåga, hur den klarar av en viss uppgift, en situation eller vissa sammanhang. Barnet skapar och bygger upp relationer och påverkar dess struktur och allt detta sker i vardagslivet. Samvarokompetens innebär att barnet har förmåga att ingå en positiv relation med sin omvärld. Min värld var inte harmonisk utan jag fick hela tiden vara i beredskap för allting som hände runtomkring mig. Många av mina skolkamrater växte upp i en annan slags miljö än jag. De hade föräldrar som var välutbildade eller hade på annat sätt ett välbärgat liv. Jag kände aldrig någon avund till mina vänner för att jag levde under andra omständigheter. Jag var mest mycket nyfiken hur andra hade det utan att kunna tänka att jag skulle vilja leva i deras miljö. Jag fick en föraning om att alla levde inte som vår familj och att det fanns fler möjligheter till ett mer utvecklande liv. Jag hade hittat sagornas värld redan innan jag började skolan då bokbussen stannade på vår gata. Det var en viktig milstolpe som skulle finnas i mitt liv som en röd tråd och en skattkammare av ny kunskap, som jag sög i mig. Sagorna var väldigt viktiga för mig då jag växte upp och jag lånade kontinuerligt från bokbussen som stannade på vår gata. Det var innan jag började skolan men jag minns inte att vi läste sagor i skolan. Utan vi hade en läsebok (som jag fortfarande har kvar) med olika enkla berättelser.

Bruno Bettelheim skriver i sin bok; "Sagans förtrollande värld" hur viktig folksagorna är. Första gången jag kom i kontakt med denna bok var då jag utbildade mig till förskollärare. Då förstod jag inte allt vad som han skrev om men jag har läst hans bok igen och fick bekräftelse på att sagor har varit viktiga för mig och att "Sagans förtrollande värld" är en del av mitt liv. Folksagorna lär oss om människans inre och ger barnet verktyg att hantera svåra känslor. När barnet skall bli en samhällsmedlem måste den ordna alla erfarenheter, reda ut sina känslor och konfronteras med både rädslor och svårigheter. Folksagorna, enligt Bettelheim ger barnet dessa verktyg och ger olika möjligheter på lösningar. Han menar att sagorna knyter an till alla sidor av barnets personlighet. Då barnet får leva sig in i sagans värld stärker de tilliten till den egna förmågan och till framtiden. Denna beredskap är grunden för ett bra liv. Vi måste alla tro på oss själva och ha hoppet kvar för en utvecklande framtid.

Det är därför inte så konstigt att jag läste mycket som barn och har fortsatt med detta.

Ett annat starkt minne av den andra världen var då jag fick gå på musikkonsert med skolan när jag var ungefär 8 år. Jag minns ännu idag hur det blåa ridån lyste med tända stjärnor som var placerade över hela gardin och hur stämningen var förväntansfull. Orkestern hördes bakom draperiet då de stämde sina instrument, barnens sorl runtomkring ökade atmosfären av spänning.

Alla hade vi finkläder och hade fått åka buss från skolan ända fram till konsert salen. Det minnet suger jag fortfarande på och har påverkat mig mycket djupt! Det är oerhört viktigt att kulturen finns tillgänglig för barn då de växer upp. Med hjälp av böcker och andra kulturella evenemang får alla barn möjlighet att skapa en mer rikare värld att leva i. De få möjligheterna som jag fick som barn har burit mig vidare att söka svar på alla de frågor som skapades i den miljö jag fostrades i. Istället för bli totalt låst hade jag en mycket stark livsgnista. Jag var nyfiken, modig, glad, hoppfull och utåtriktad. Jag hade byggt upp relationer med skolkamrater och de som bodde på vår gata. En tant hjälpte jag mycket och gick till affären för henne och tjänade min första 25 öring. Det var mycket pengar för mig men kanske ännu mer betydde det att jag kände att jag kunde påverka min vardag. Jag hade varit tvungen att ha koll på min omgivning och hade känselspröt som berättade för mig om vad som hände runt mig. Redan då lyssnade jag på min inre röst utan att vara medveten om detta! Samtidigt som jag hade bra relationer till en del av mina skolkamrater hade jag en skolkamrat som mobbade mig. Han slog mig ofta när jag gick hem från skolan. Detta berättade jag inte för någon utan det var en självklarhet att jag skulle fixa det själv. Jag lärde mig springa fort så att han inte fick tag på mig! I enneagrammet är jag sexan och det innebär "Jag gör min plikt" och för att finna trygghet har en övertro till auktoriteter. Visserligen har jag aldrig haft någon idol eller sett upp till någon särskild person eller ideologi. Jag har nog varit tvungen att anpassa mig för att kunna vara med i gemenskapen. Då hade jag inte så bra självförtroende och hade låg självkänsla men jag hade en drivkraft som förde mig vidare. Mitt självförtroende började jag bygga upp då jag fick en annan lärare i fjärde klass och fick stöd för min läs och skrivsvårigheter. Mina föräldrar och då främst min pappa har alltid stött mig i min strävan att lära mig. De uppmärksammade de oförrätter som fanns i lågstadiet och som aktualiserades då jag fick en ny lärare. Alla mina betyg blev bättre och jag känner en oerhörd tacksamhet att jag fick en lärare som gav mig det stöd jag behövde för att lära mig skriva!

Jag litade inte på att universum skulle ta hand om mig och att Moder Jord skulle bära mig över svåra hinder. Utan det var nödvändigt att jag själv tog hand om mig och det som hände mig. Jag var också tillräckligt stark med en vilja som förde mig framåt på min egen väg trots allt som hände mig. Visserligen har jag medverkat i söndagsskolan och syster Asta introducerade mig i kärlekens värld där Jesus blev mitt stöd.

Jag hade studerat djupgående barnpsykologi och fortsatte att studera för att få mer kunskap om hur människan fungerar. Hjärnan är en central del hur vi hanterar det vi erfar. Man skulle kunna tro att med den logik som hjärnan har skulle vi lätt komma vidare i vår utveckling till att bli hel människa. Men så är det inte!

Vår hjärna är hela tiden aktiv, den vilar inte, den är programmerad att försvara, fly, att lösa problem. Den tänker "hela tiden" på problemlösningar, sådant som händer "just nu" men också på sådant som skulle kunna hända. Hjärnan är alltså i ständig beredskap för eventuella faror och problem som måste lösas. Denna egenskap har funnits sedan människans första utveckling. Det som hjärnan "tänker", sätter igång processer i kroppen. Dessa processer sätter också spår som vi måste upptäcka och analysera. Kroppen vet och kan berätta vad som vi känner och vad som vi har känt. Hjärnan formar dessa känslor, dessa erfarenheter till begrepp och bilder.

Hjärnas utveckling tar sin början då fostret bara är två veckor gammalt och bara några millimeter långt. Vid födseln finns redan de flesta nervcellerna på plats i hjärnbarken. Efter det så växer och förgrenar sig utskotten. Det komplexa grenverket möjliggör skapandet av nya kopplingar och nätverk. Detta pågår flera år. Vissa delar till 2 års ålder, andra till 12 års ålder. Anpassningsprocessen börjar redan vid befruktningen. Organismen anpassar sig till flera olika miljöer och födelsen är bara en av flera milstolpar i människans utveckling. De egenskaper barnet har när den föds, inklusive perceptuella kvaliteter och förmåga att lära sig, framträder gradvis under graviditeten.

Under fosterstadiet har många föräldrar spelat

musik och berättat vad de sysslar med och vad de olika ljuden som fostret hör innebär. Dessa erfarenheter kan fostret ta till sig och minnas då det föds. Det är alltså möjligt att lära sitt barn under fosterstadiet fast att man inte kan "se" varandra.

Det nyfödda barnet har en hjärna som är färdig att sätta igång inlärningsprocessen. Nervceller och synapser i barndomen visar att barn föds med en hjärna som inte bara har färdiga funktioner utan är också beredd att formas av nya erfarenheter. Det är hjärnans bearbetning av kognitiva, sociala och emotionella aspekter hos barns erfarenheter av den fysiska och sociala omvärlden som bidrar till att skapa individer. Till att börja med styrs barns erfarenheter och lärande i hög grad av perceptuella preferenser samt de färdigheter som har utvecklats under fostertiden och som är en del av hjärnans funktion vid födelsen.

För att få mer förståelse för vilka spår som finns i vår hjärna och varför det är så svårt att förändra handlingsmönster så fortsatte jag att läsa om hjärnans uppbyggnad.

Hjärnan består av fyra anatomiska åtskilda delar som har utvecklats under miljontals år av vår evolution. Vår äldsta del av hjärnan är **reptilhjärnan** som vi har gemensamt med ödlor och dinosaurierna. Den är programmerad för att andas, äta och fortplantning. Den omsluts av limbiska hjärnan som man kan kalla däggdjurshjärnan. Den reglerar utifrån och inifrån kommande stimuli. Den delen av hjärnan hjälper oss att överleva på ett mer sofistikerat sätt och gav oss förmågan att samla och lagra nötter och rötter inför vintern.

I det **limbiska systemet** av hjärnan finns det möjligt att knyta an till andra och för att kunna bilda familj och stammar. I det limbiska systemet finns ett litet mandel format organ som kallas för amygdala. Detta organ har till uppgift att varna oss för fara. Med hjälp av detta organ kan vi "lukta" oss till både om det föreligger något hot eller om maten är rutten.

Här lagras känslomässiga upplevelser och är fullt utvecklat vid födelsen. Det är i denna del av hjärnan som vi bygger upp vår självkänsla och självbild. I detta system finns våra känslor och de behov såsom närhet, föda och dryck, värme osv. Man kan kalla denna del av hjärnan för den emotionella hjärnan och med hjälp av främre delen av hjärnan kan vi skapa förståelse för andra.

Neo cortex är vår nya hjärna och som senast har utvecklats. Här finns lagrade kunskap, kognitiva förmågan, språket och talförmågan. Den här delen av hjärnan kan uppfatta tiden, årstiderna, det förflutna och framtiden och ger oss förmågan att vara förutseende.

Var och en av dessa delar av hjärnan, reptilhjärnan, limbiska systemet och neo cortex lyder under **prefontala cortex** som samordnar hela vår biologiska super dator. Men om någon del av hjärnans mer primitiva delar, reptilhjärnan och/eller limbiska systemet utsätts för emotionella eller fysiska trauman, åsidosätts de högre delarna av hjärnan och kan inte då agera med sin programmering.

Det är därför som det är så komplicerat att omprogrammera sin hjärna till att fungera bättre för individen. Vi måste ha intellektuell kunskap hur vi fungerar men det räcker inte att veta detta, utan vi måste få tillstånd en förståelse för alla de känslominnen vi består utav. Hjärnan är nog uppbyggd för att lösa problem och för att överleva. Men om människan har byggt upp system från barndomen som har varit bra överlevnadsstrategier så finns dessa spår i hjärnan. För varje gång vi hamnar i olika situationer som påminner oss om gamla traumatiska händelser, sätter det limbiska systemet igång. Det använder sig av gamla spår som inte leder till en bättre lösning för de känslor som är inkapslade. Utan istället blir det svårare och svårare att nå ner till det genuina känslominnet från en dåtid.

När barn blir sårat genom försummelse eller misshandel (som både kan vara psykisk och/ eller fysisk), blir dess gränser kränkta. Det gör att barnet känner rädsla för att bli antagligen övergivet eller uppslukat av sina vårdare. När en individ vet vem hon är känner hon ingen rädsla för att bli uppslukad. När hon känner sitt eget egenvärde och hyser självförtroende är hon inte rädd för att bli övergiven. Utan starka gränser vet vi inte var vi slutar och andra börjar. Vi har svårt att säga nej och veta vad vi själva vill, vilket är avgörande för att känna närhet. När man förlorar sitt äkta *jag* förlorar man kontakten med sina verkliga känslor, behov och önskemål. Ett naturligt barn hänförs med alla sina sinnen och har en förmåga att sammankoppla dessa för att få en helhet av det som händer och om omgivningen. Barnet har en förmåga från första stund att experimentera och utforska, att titta och känna. Hänförelse och nyfikenhet är den livs energi som för oss mot ständigt vidare horisonter. Vi behöver denna livsgnista för att fortsätta utvecklas och för att kunna använda vår medfödda kreativitet. Barnets naturliga **livsgnista** driver det till optimistiskt utforskande. Denna medfödda optimism och tillit bildar kärnan i vår medfödda utrustning och det är grundpelaren i vår natur.

Vår kärna består av våra tidigaste känslor, tankar och minnen. Den formas i och med våra upplevelser i vår barndomsmiljö. Denna kärna är icke-logisk och är primitiv. **Våra känsloreaktioner sker i det limbiska systemet, i amygdala.** Här finns våra djupaste minnen från vår uppväxt som lagras i vårt innersta. Dessa upplevelser är mycket svåra att ta fram och bearbeta. De bildades då vi inte hade tillgång till logiskt tänkande och språket. Dessa minnen skapas av våra sinnen främst med hjälp av lukten. När kärnan väl är formad blir den det filter genom vilket alla nya upplevelser passerar. *Det är uppenbart att om vi vill förändras måste vi* *förändra kärnan. Vi måste komma längs in under våra alla minnen och gräva i minnen som liknar mest förnimmelser. Känslorna är det bränsle som får oss att försvara oss och se till att våra grundbehov blir uppfyllda.* Detta är vår grundläggande energi. Ilskan, sorg och rädsla skapas då våra behov, känslor och önskemål inte blir uppfyllda. Barnet hamnar i ett slags beredskap. Måste spädbarnet ofta hamna i dessa situationer, att det måste försvara sig själv och inte få sina grundbehov tillfredställda skapas en kronisk stress hos barnet. Denna kroniska stress sätter djupa spår i hjärnan.

Detta innebär inte att vi måste ta fram alla konkreta minnen på dessa infrysta känslor som också är en omöjlighet. Det är alltså inte meningen att vi ska älta gamla traumatiska minnen utan vi ska fokusera på känslan. Detta är tillräckligt svårt att acceptera känslor som skam som är som svarta bläckplumpar i vår egen historia.

När individen inte har förmåga att uttrycka sina känslor samlas en **avfallsreservoar**. Detta emotionella avfall förgiftar fysiskt och bidrar till att angripa matsmältningen, blodcirkulationen, andningen, samtliga kroppens system. Denna avfallsreservoar är följden av ett totalt sammanbrott i kommunikationen mellan jaget och omvärlden. Det är resultatet av ordets oförmåga att förmedla känslor, missnöje och missförstånd så att individen får utlopp för sina känslor. Känslor måste få utlopp, de måste inses, accepteras, uttryckas och integreras i människan som en helhet om ett varaktigt växande och väsentliga emotionella kontakter och samspel kan äga rum. Kan detta inte ske uppstår ett sjukt emotionellt klimat där människan känner på ett visst sätt men handlar på ett annat. Man kan kanske lura sig själv och andra men inte matsmältnings apparaten. Kroppens muskler, huden och kroppens hela nervsystem har man inte förmåga att lura. Man kan stänga av vissa delar av kroppen men man får betala ett högt pris för detta. Det är viktigt att inse att tankar, känslor, handlingar inverkar på allting annat. Sinnena tar emot information från omvärlden som vidarebefordrar meddelanden till hjärnan, vilken integrerar de till kärnan av redan tidigare erfarenheter.

Jag hade all den här kunskapen men ändå är det svårt att komma åt de känslor som finns allra längst in. Jag hade kommit mycket långt och har kunnat dra slöjan åt sidan men ännu triggas jag och hamnar i det limbiska systemet. Skillnaden är att jag har neocortex som har en förmåga med hjälp av tex. djupmeditation eller rörelse komma inunder känslan. Känslorna försvinner inte och reaktionerna inträder innan man hinner "tänka efter" men olikheten är att man hinner snabbare ifatt det som orsakar känsloyttringen. Det handlar om att inte tränga bort de känslor man har. Barbara Ann Brennan talar om den "mjuka smärtan" som innebär att man tillåter sig själv sina känslor. Man "vilar" helt enkelt i smärtan utan att förtränga dem. Jag har en flinta sten som möjligtvis har blivit bearbetad för den har olika gropar som mina fingrar passar fint i. Den är mjuk och slät och jag kramar den samtidigt som jag tillåter mig att känna det jag känner. Den svåraste känslan för mig är "skam-känslan". Den sitter mycket djupt och är svår att ta fram och bearbeta på detta vis. Jag har också dansat ut mina känslor som jag skall berätta senare om i detta kapitel.

Rörelsens terapeutiska healing.

Man måste alltså ta till olika metoder för att kunna hela sig själv. Förändringen måste ske på alla nivåer inom individen och efter det sätta ihop den kunskapen man har fått och på så sätt se "helheten" av det som finns inom en. Med det menar jag att man måste förstå hur allt hänger ihop. Hjärnan lever sitt eget liv och om jag inte har kunskapen om hur den fungerar så fortsätter jag att leva med den oro som ligger som en dimma och hindrar mig att känna vad som finns bakom denna dimma. Hjärnan "pladdrar" och skapar scenerier om olika katastrofer och är i alarmberedskap. Kroppen fortsätter att ha sina traumatiska minnen om jag inte kan komma åt det som ligger bakom. Det räcker inte heller att ha någon kontroll, vetskap om dessa om jag inte har någon slags lösning på hur jag kan gå vidare.

Jag började medvetet att jobba med kroppen 1982 då jag studerade till dramapedagog på Göteborgs teaterhögskola. Periodvis hade jag ingen som helst kroppskännedom utan levde som ett löv i vinden utan riktning. Troligtvis därför jag ville undvika konfrontation med det som kändes inom mig. Men kroppen ger hela tiden signaler om något inte är bra. På drama linjen fick jag lära mig om Jacques Dropsy och hans teori om kroppskännedom. Han var verksam i Frankrike och utvecklade en metod som han kallade Psykotoni som handlar om kroppskännedom. Han undervisade också i Rättvik i Sverige och där finns fortfarande en skola som utgår från hans metod.

Dropsy använder sig av yoga, tai chi och andra österländska övningar som han har utvecklat så att individen medvetet känner hur den andas och hur den "lever i sin kropp". Dessa övningar gjorde mig verkligen medveten om att jag inte alls hade kontakt med min kropp. Det var svårt att förnimma min rygg, min mittlinje, att kunna jämföra mina båda kroppshalvor. Meningen var att vi bara skulle skanna kroppen, inte försöka rätta till, utan bara känna. Vi är inte synkroniserade utan våra kroppshalvor är olika. Alla spänningar i kroppen berättar om hur individen mår, vilka känslor, vilka tankar individen håller fast vid. Kroppsmedvetenheten har jag jobbat med sen dess och det arbetet fortsätter.

Jag fortsatte med övningarna men mindre ofta då jag flyttade till Finland. Efter det jag födde mitt första barn, blev de mer aktuella. Då började jag mer med yoga övningar som jag också bekantade mig med på Teaterhögskolan. Jag var medveten om min kropp men jag var inte medveten om mina infrysta känslor. Då visste jag inte hur lång väg jag hade att gå, för att kunna *leva i min kropp* och lyssna på kroppens signaler.

Jag började få ont i min kropp först då jag fick mer symtom av min artros och det var efter jag hade bildat familj och fött två barn.

Innan dess hade jag bara haft ett ryggskott då jag bodde i Göteborg. Det var då jag för första gången var hos en fysioterapeut för att bli bra i min rygg..

Då min artros blev mer kännbar började jag gå hos olika kroppsterapeuter. Det har varit en hel del; fysioterapeuter, klassisk massage, OMT, kiropraktik, naprapat, osteopat, lymfa massage och andra kropps massage (b l a varma stenar). Jag har alltså med hjälp av andra fått kunskap om min kropp och hur den mår samtidigt har jag gjort kroppsövningar. Jag har även konsulterat regelbundet en kinesiska läkare som också gav mig akupunktur. Allt gjorde jag för att slippa smärtan i min kropp men den fanns kvar i min kropp. Det är väldigt bra och viktigt att sköta om sin kropp och medvetengöra sig om sin smärta. Men det räcker inte med att ha denna vetskap utan man måste ta itu med de känslominnen som finns lagrade i kroppen.

Jag var tvungen att konfronteras med det som låg under smärtan, trigger punkterna i min vardag. För kroppen gav mig varningssignaler om att jag inte mådde bra och att jag levde ett liv som inte var mitt eget.

Träningen av **sensorisk medvetenhet** hjälper oss att lyssna på kroppens budskap och det måste man göra helt själv. Kroppen kan berätta om de trauman man har upplevt för de sätter spår i hjärnan och i kroppen och om det liv man lever i sin vardag. Denna ökade sensoriska medvetenheten medför att vi mera exakt och objektivt uppfattar förhållandet mellan å ena sidan känslor och sinnesförnimmelser och andra sidan den miljö vi lever i. Det finns många olika övningar i boken "Lyssna till din kropp" av Beata Jencks som jag har använt. Jag har haft den boken i min ägo i många år och fått kunskap hur jag kan gå vidare. Men jag är tvungen att ändå säga att det låter enklare än vad det är i praktiken. Jag måste fortfarande skanna min kropp kontinuerligt och djupmeditera för att komma under hjärnans vardags pladder.

För att kunna bli det genuina jag, för att kunna leva utifrån den innersta kärna som varje människa har inom sig, behöver man se sig själv genom verklighetens ögon. För att kunna hela sitt inre sårade barn måste man acceptera det som just nu finns och det som just nu känns. Man måste vilja få till stånd en förändring och vara beredd att arbeta för förändringen. Man måste kunna släppa och ta emot nya erfarenheter och vilja gå vidare. Man måste kunna göra saker och ting annorlunda Detta första steg, att acceptera och se såsom det är, är ett mycket stort steg. Att kunna se vad som är möjligt och vad som är rimligt är också ett stort steg. Har man dessa två begreppen klart för sig kan man börja gå mot sina egna värderingar som man har ställt upp. Man kan då sätta upp mål och ta ett steg i taget. Om man tappar riktningen, som ofta händer, stannar man upp och ser i vilken riktning värderingar pekar mot och börjar gå den vägen igen. Det krävs att man på de tre olika nivåerna, *känsla, tanke och kropp/handling* har någon slags hum om vilka undantryckta känslor, övertygelser och vilka handlingsmönster man har.

På en vetenskaplig grund kan man se hur svårt det är att komma åt de trauman och händelser som föranlett till att känslor blir infrysta i vårt inre. Dessa känslor vill inte bli upptäckta utan individen försöker trycka tillbaka om någon känsloyttring skulle försöka komma upp till ytan. Den här överlevnads strategin har blivit inpräntat och det kräver mycket arbete för att kunna öppna snäckan och se vad som finns där inne. Många av våra trauman har uppstått då vi inte kunde hantera dem med varken ord eller logik därför kan man förstå att hela sig är ett lång process.

För att bli hel från gamla trauman och annat som tynger vår väg till att bli en hel människa måste vi även ha kunskap om kroppen. *"För det som känns i knoppen syns i kroppen"* och *"Kroppen ljuger aldrig"*.

Det kan däremot hjärnan göra. Den vill fortsätta i samma spår som den har byggt upp i många år. För det första måste man vilja bli helad och vara beredd att jobba hårt för det. För att förstå vilka svårigheter som föreligger för att komma inunder och komma kontakt med sina innersta känslor måste man både ha kunskap om hur hjärnan är uppbyggd och vad som sker i kroppen. Man måste också ha förståelse för vilka behov en människa har och hur man individuellt har tillfredställt dem.

Då jag 2006 kom i kontakt med Gabriella Roths fem rytmer började jag min kroppsresa för att komma under slöjan, till min kärna. Jag kom i kontakt med det filter som vi alla har för överleva trauman. Jag dansade ut min vrede, min sorg, min skam men också min glädje med hjälp av hennes rytmer. Dessa rytmer har vi alla tillgängliga i vår kropp, de är *flowing, stacatto, kaos, lyrisk och stillhet.* Jag gjorde också de övningar som finns i hennes bok "Helande rörelser". Jag dansade och skrev om alla de faser jag levt i mitt liv. Roth berättar inte enbart om dansen, rörelsens helande kraft utan också om våra arketyper i sin bok "Befria din själ". Då man sätter kroppen i rörelse kan man inte ljuga för sig själv, kroppen berättar sin sanna historia. Då man rör sig släpper förfrysningen av känslorna, de får energi att kunna uttrycka sig.

Det handlar både om en kroppslig workout och en själslig workout. Jag skrev min egen historia med hjälp av de fem rytmerna. Det var födelsefasen och som infattade också hur jag upplevde min mamma och vilken historia hon hade som hade format henne som person. Det var barndomsfasen och då fick jag skriva om min pappa och hans historia. Sedan kom tonårsfasen och mognadsfasen. Ja jag fick dansa mig, röra mig genom min historia. Allt som kom fram skrev jag upp och gjorde tre pärmar om mitt liv.

Jag har också medverkat i Katarina Valo som undervisar i de 5 rytmerna i Helsingfors. Det var helt fantastiskt **att** dansa, röra sig med en stor grupp människor i en lokal. Där fanns professionella dansare och skådespelare som måste bli medvetna om sin kropp och dess signaler för att kunna utveckla sitt verktyg kroppen så att den på ett naturligt sätt uttrycker det som den ska. Med hjälp av kroppen utrycker man de känslor som ska komma fram på scenen.

Jag har också varit på helgkurser med "Wäxa mediMoves som också i viss mån utgår från Roths fem rytmer. Det var en fantastisk upplevelse att få dansa ut känslor, upplevelse och önskningar. Mycket som hade varit inlåst fick flöda fritt och gav näring till Moder Jord och befriade mig från bördor som inte egentligen var mina. På en av kurserna hade jag ett temat som handlade om "mitt inre sårade barn". Jag rörde, dansade med hjälp av de olika elementen; eld, luft, vatten och jord och i årstiderna, i olika miljöer som uppenbarade sig. Jag jobbade även på lördagar med temat "det sårade barnet" då jag tillverkade Ormen och Svanen som är två skramlor. Från början var det meningen att de skulle bli två trummor men så blev det inte.

Då man rör sig efter musik så bestämmer kroppen och inte hjärnan. Det är mycket befriande och det handlar om frigörande dans. Ett annat tema var livets cirkel och då dansade jag min födelse, min barndom, min ungdom, vuxenliv och min egen död. På samma sätt som jag hade gjort med hjälp av Gabriellas bok men nu blev hela livet i en snabb version.

Fast att jag har jobbat med min kropp och mina inlåsta känslor som jag har försökt trasslat upp så var jag ännu inte vid den här tidpunkten färdig att släppa. Att kunna släppa på känslor som har sin början någon annanstans och som följer med dig som din skugga tar mycket lång tid. Medvetenheten om hjärnas funktion och de spår som finns där räcker inte för att förändra mönster. Du måste göra många olika val som många gånger är lättare att låta bli att göra. Jag var tvungen att släppa min relation till mina närmaste för de intrasslade känslor är också invävda med dem. Varje dag får jag övertyga mig själv att jag rätt att finnas till och har rätt att vara glad. Jag måste fortfarande göra olika val som känns smärtsamma för att förändra mönster och spåren i hjärnan. Det blir lättare och lättare men det är som med konditionen, jag måste hela tiden upprätthålla en god relation med min kropp.

2016 gick jag en utbildning i kroppsorienterad psykoterapi på sommar universum i Hangö. Utbildningens längd var åtta månader och gav 25 studiepoäng.

På den utbildningen blev det mycket klarare hur kroppen berättar det som finns under ytan. Vi fick lära oss en teknik hur man kan komma åt de känslor som är inlåsta. Det var mycket lik psykosyntesens metod med frågor och visioner om olika händelser eller känslor såsom skam. Man fokusera på andningen och var i kroppen minnet kändes. En stor skillnad mellan psykosyntes och kroppsorienterad är att man sätter mer press på och fokuserar på kroppsorganiseringen. Metoden gick ut på att man med hjälp av en skala på 1-10 konfronterades med den aktuella känslan, traumat man hade samtal om. Man gick ut och in i känslan och andningen var en viktig hjälp i dessa terapeutiska övningar. Vi fick också känna efter vad det satt i kroppen och om känslan hade någon gest som individen ville visa. Hela tiden gick man in och ut i den traumatiska känslan och det var viktigt att personen som var klient kände sig jordad. På detta vis kunde klienten uppleva känslan i present samtidigt som den hade någon slags kontroll på hur mycket och hur länge den ville eller kunde uppleva känslan. När man på detta sättet hade möjlighet att släppa ut en händelse som hade skapat en infryst känsla, blev den infrysta känslan upptinad. Den rann ur en som en vårflod och istället ersattes av en varm, härlig, lugnande ström som flöt inom en. Det var verkligen en mycket skön upplevelse och det verkade som metoden vi lärde oss fungerade på hela gruppen.

Kroppsorienterad psykoterapi utgår från ett arbetssätt som George Downings har utvecklat. Kroppen hålls i samma fokus som tankar, upplevelser, känslor och minnen. M h a konkreta övningar kan klienten utforska och utveckla sitt tänkande och sitt kroppsliga förhållningssätt. Man jobbar med medveten närvaro och mentalisering. *Mentalisering innebär* att man medvetet observerar det som händer i hjärnan, att man på så sätt kan "hitta" utsprunget från de frysta minnena som finns där. Det är ett tränings verktyg som medveten gör dig vad du egentligen tänker, någon slags meta-medvetenhet. Man blir "betraktaren" som ser sina känslominnen utifrån. Detta sätt är också ett redskap i terapin som föranleder förmågan att greppa den andra, förmågan att sätta sig in i en annans människas tänkande, varande, sinne, tankar, känslor. Ett redskap att kunna "Gå i en annans skor". Men också att man själv förstår på samma sätt sitt inre drama.

Det gör man genom att uppmärksamma då de kroppsliga upplevelser och utveckla förmågan att ge ord åt dessa. Det handlar om att möta sin rädsla, sina skam känslor och andra känslor som stoppar "tillfriskandet", se sina överlevnadsstrategier. *Kroppsorienterad terapi handlar* om att kunna hitta *nya sätt att organisera kroppen* för att hantera svåra symtom. Det finns olika övningar för att stoppa de flashbacks, en klient lider av. Alltså dessa nedfrysta känslor som finns i hippocampus. Det handlar om att väcka de till liv och bli medveten om varifrån de har uppstått.

Det är inte nödvändigt att gräva i sin barndom

utan det räcker med att kunna se de känslor man har från dessa nedfrysta minnen. Det handlar om att m h a micro rörelser få kontakt med dessa känslor.

Minnen och det som hände innan 3 års åldern finns alltså i Hippocampus som finns i det limbiska systemet i storhjärnan. Där finns ett hämmat minne, ett omedvetet minne som kan väckas då kroppen får berätta. I amygdala, som också finns i vår storhjärna lever traumat utan tid/rum, det är ständigt påslaget. Då man inte kan berätta med ord kan kroppen berätta, kan "tala" m h a *rörelser, gester, känslor,* trauman som inte har fått något språk kan "översättas" så det blir tillgängliga i neo cortex som då kan knyta ihop och göra kroppens språk tillgängligt.

Alltså det finns ett slags försvar som man har byggt upp sedan händelsen, i kroppsorienterad terapi har man utvecklat begreppet "kärn-upplevelse". Denna kärnupplevelse är mycket svårt att förändra. Då t.ex. anknytningen inte sker som den borde måste barnet "organisera" sin kropp för att slippa uppleva känslan av övergivenhet. Då skapas en kärn-upplevelsen: *"jag är inte värd att bli älskad".* Man befinner sig i det sympatiska nervsystemet. För att kunna komma åt denna djupt liggande kärn-upplevelse måste man ändra på kroppens organisering. Detta sker med olika metoder men man går framåt med små steg och är hela tiden fokuserad på nuet. Man frågar sig: *Vad är mitt första, minsta steg? Hur kan jag komma åt kärn-upplevelsen? Hur*

kan jag röra min kropp så att känslan får en väg
ut och har möjlighet att förändras?
Handlingskraft, agens skapas då man känner att
man kan påverka och förändra ett visst tillstånd.
Den upplevelsen är fantastisk och frigörande!
När man organiserar sin kropp på ett nytt sätt får
man en upplevelse av att det finns en väg ut ur
denna frysta gamla känsla. Man upplever att
känslan har lov att finnas men att den inte
behöver påverka sin vardag. Man upplever också
att det finns en annan kärn-upplevelse som är mer
positiv än den som har legat som en sten i skon.
Individen skapar alltid balans i sin tillvaro och
det gör också "omständigheterna". det handlar
om Yin/Yang. Balans är ett normalt tillstånd som
individen, omständigheterna söker. Det finns inte
enbart något "gott" om det inte samtidigt finns
något "ont". det finns alltid en framsida och en
baksida.
Från första dagen på utbildningen fick jag en bild
av Frihetsgudinnan som föreställde mig själv.
Den visionen var med mig varje gång och som
jag kunde komma mer inpå djupet av vad den
stod för. Det handlade om temat "släppa". Ena
handen på frihetsgudinnan var uppåt och den
andra hängde neråt. Den handen som hängde
neråt sitter ett snöre fast som drar handen neråt. I
varje finger fanns ett ansvar för varje
familjemedlem inkluderat vår hund och ett snöre
representerade jobbet. Den handen som lyfter
mot himmelen finns min frihet som representeras
av en fågel som kan flyga fritt. Under

utbildningen kunde jag lösa på snörena men inte helt klippa av dem. Medvetenheten om det som hindrar en från att flyga är första steget till att kunna använda sig av sina vingar. Jag kände hur den lilla fågelns hjärta pickade i min hand som var upplyft men som ännu inte vågade flyga iväg mot den blå himlen. Jag genomlevde många känslor under den här tiden men kunde fortfarande inte helt släppa helt det ansvar som jag upplevde att jag hade. Ansvaret för mitt arbete kunde jag först helt släppa då jag blev pensionär. Jag skrev en bok om mina upplevelser jag hade haft under min yrkeskarriär och på sätt bearbetade allt vad jag hade varit med om. Mitt ansvar för min familj har också förändrats radikalt och jag kan släppa på det ansvaret som inte är mitt. Nu låter jag de bättre ta sina egna konsekvenser av de val de gör och jag tar enbart ansvar för mina egna känslor.

I yoga boken av Papp tar hon fram att med t e x solhälsningen stimulerar man olika delar av nervsystemet. Genom de växelvis fram- och bakåt böjningarna och uppsträckta armar ökar man värmen i kroppen och det autonoma nervsystemet balanseras. Bakåt böjningarna stimulerar det sympatiska nervsystemet medan framåt böjningarna är lugnande och stimulerar det parasympatiska nervsystemet. I yogarörelsen "solhälsningen" aktiverar man sina chakror i kroppen och då får man chi att röra sig. Jag kommer att berätta om chakror i nästa kapitel. Jag lärde mig solhälsningen på dramalinjen 1980 då jag studerade till dramapedagog. Den övningen och andra gör jag kontinuerligt sedan dess.

Slutsatsen är att genom rörelse har man möjlighet att komma inunder huden på sig själv. Jag fick m h a olika rörelser kontakt med de känslor som fanns infrysta inom mig.

Chakrorna

Tänk att så många i olika kulturer och i flera 1000 år berättar om ljuset i vår kropp som har kontakt både med Moder Jord och Universum. Detta ljus som består av regnbågens färger är en unik möjlighet att rena sin kropp inifrån. Ja varför är dessa färger lika som regnbågens båge? Är det en slump eller finns regnbågen inom oss? Finns krukan med guld inom oss? Den som vi alla söker och som vi aldrig finner?

När jag läste boken "Resan inåt" av Shirley Maclaine fick jag för första gången kunskap om chakrorna. Jag blev verkligen intresserad. Chakrornas färgpaletter finns inom oss och det är de som får vår "livsgnista" att flöda. Då alla dessa chakror är i balans får människan en regnbågskropp! Varje chakra har en unik frekvens som vi uppfattar som regnbågens färger. Ett nyfött barn har sin rena färg som bleknar då vi blir äldre. Trauman och förluster som vi upplever framkallar giftiga restprodukter som fastnar i något chakra. Då kan inte detta chakra vibrera på sin naturliga frekvens och hela systemet blir lidande men även det fysiska åldrandet går snabbare. Det är som ett avlopp som det har blivit stopp i och som man måste rensa.

En shaman kan göra en chakra behandling och när hon gjort den helande processen, blir chakrorna rena och klara igen. Då kan de åter rotera och vibrera med sin ursprungliga renhet. Ljusenergierna cirkulerar genom chakrorna precis som de fysiska energierna, vatten och mat som också cirkulerar i vår kropp. När matsmältningssystemet är i olag kan vi inte ta upp näringsämnena i maten. På samma sätt är det när chakrorna är blockerade, då kan vi inte tillgodogöra oss den chi som lagras i ljusenergifältet. Denna ljusenergi finns tillgänglig hela tiden men det är som en slöja som skymmer vårt eget ljus då vi inte är i balans med vår kärna, vårt sanna *Jag*. Det finns 7 chakror inom oss och 2 utanför vår kropp. De sistnämnda har jag läst om i Alberto Villoldos bok "Schamansk healing" som fått sin kunskap från de indian stammar som han har gått i lärdom hos. Egentligen finns det ännu fler som har förbindelser med de centrala chakrorna, tex. under fotsulorna som är förgrenad med vårt första chakra. men man fokuserar på de jag har nämnt. Inom hinduismen talar man om bara om 5 chakror så det varierar inom vilken tradition man utgår från. Jag utgår från 9 olika chakror och har dessa i fokus då jag gör energibehandlingar.

Jag har i många omgångar studerat chakrorna men det arbetet blir aldrig färdigt för jag får ny kunskap varje gång jag studerar om dem. Du måste läsa och praktisera utifrån den nivå av kunskap du har men din potential är mycket större, ditt högre medvetande tar aldrig slut. Det sträcker sig ut i universum och är oändligt. Detsamma är det med din kunskap, det finns alltid något att lära sig.

Enligt de gamla mästarna skapades kroppen i den fysiska dimensionen, för att ge själen ett "hus" att vistas i. Den fysiska kroppen ger själen möjlighet att uttrycka sig i tiden och rummet. Chakrorna styr denna fysiska verklighet och är en länk mellan människans själ och den andra verkligheten. Dessa chakror är hela tiden öppna men det är våra sinnen som är stängda och med hjälp av olika meditationer och yoga kan vi få kontakt med vårt inre liv, med vår själ. När vi knyter an psyket till chakrornas andliga krafter får vi känning av själens högre medvetande och vi har möjlighet att integrera psyke, kropp och ande till en helhet. Vi får också kontakt med själens erfarenheter och minnen från en annan tid.

Carl G. Jung hävdade att chakrorna var medvetandets portar hos människan, mottagningspunkter för inflödet av krafter från kosmos och människans ande och själ. Han hävdade att chakrorna alltid var i förbund med den gudomliga guds energin eftersom de är själens skapare.

Dessa chakror som vibrerar i olika färger, har kontakt med kroppens endokrina system och har förbindelse med olika körtlar i kroppen som producerar olika hormoner. Genom att stimulera kroppens chakror, stimulerar vi samtidigt olika organ i kroppen och känner chi strömma. De är förbundna med ryggraden och vårt centrala nervsystem och de utgör även en direkt koppling till det **neurala systemet**. Det neurala systemet handlar om hjärnas olika kodsystem. Människan bygger upp sin kunskap om världen med hjälp av synapser, spår i hjärnan. Dessa spår skapar olika kod system som man benämner som det neurala systemet. Det kan vara olika överlevnads strategier som individen har varit tvungen att bygga upp för att kunna utvecklas eller olika inlärnings koder. Det pågår mycket forskning om det neurala kodsystemet, hur man kan ta den kunskapen till vår digitala värld.

Vi har alltså en ljusanatomi som rymmer chakrorna och dessa har även förbindelse med akupunkturmeridianerna. Dessa energiplattor roterar ca 7-10 cm utanför kroppen, både på framsidan och på baksidan av vår gestalt. Om du är sensitiv kan du *känna* denna vibration med dina händer och även *se* energin från de olika chakrorna. Då man har studerat länge chakrorna och är sensitiv kan man se och få vetskap om det finns obalans inom chakra systemet. Den som energibehandlar kan också få förnimmelser vad som finns för trauman som ligger bakom obalansen.

Varje chakra har sin unika uppgift, precis som kroppens organ. Det är därför väldigt viktigt att vara medveten om att man har denna ljus palett i sin kropp, lika viktigt som man sköter sin "mage" är det viktigt att sköta sina chakror.

Då jag började studera chakrorna, satte jag min fot i en ny värld och fick kunskap om källor inom mig. Jag kände energin speciellt från sakral chakrat, det andra chakrat i vår kropp. Det vibrerade och jag kunde "se" energin som en dimma då jag tittade på ett speciellt sätt. Senare har jag fått veta att så som jag tittade vad det shamaniska sättet att se. Då har man tillgång till mer än vad de fem sinnena ger.

De olika chakrorna är nerifrån ryggraden upp: *rotchakrat, sakralchakrat, solarplexus, hjärtchakrat, halschakrat, pannchakrat eller tredje ögat, kronchakrat och utanför kroppen det åttonde chakrat och sedan det nionde chakrat.*

Det första chakrat, **rotchakrat** finns vid ryggradens slut, mellan analöppningen och könsorganen. Dess färg är röd och är grunden för hela chakra systemet. Namnet på sanskrit är muladhara som betyder rot. Det har förbindelse med Moder jord och är på så sätt kopplat till jord elementet som representerar den feminina kraften. Rotchakrat utgör ingången till det feminina och sträcker ut ljusstrålar ner i benen och in i biosfären. Det jordar oss och utgör den grund på vilken vårt ljusenergi system vilar på. Detta chakrats viktigaste uppgift är överlevnad och fortplantning, våra grundläggande behov, våra drifter.

Vi söker skydd, vi letar efter mat, vi strävar efter att överleva i de mest utsatta, besvärliga situationer som man möter i sitt liv. Detta chakra måste vara i balans för att individen överhuvudtaget kan överleva och gå vidare på sin väg genom livet. Som en del av överlevnads instinkten är rotchakrat nära länkat till säkerhet, såväl till den fysiska som till den känslomässiga. De trauman man kan ha fått i de första åren av sitt liv finns präglade här. När detta chakra är i obalans lider individen av låg självkänsla och känner sig isolerad från sin kropp och sexualitet eller är fast i depression och beroendemässigt beteende som tex. rökning. Det är som ett träd med för svaga rötter som dras upp från jorden när det stormar.

När detta chakra är i balans känner du dig trygg och säker och har förmågan att vara en del av en grupp. Trygghet är en nödvändig del av Rotchakrats livskraft och som sagt även överlevnads förmågan. I detta chakra sker bortförseln av restprodukter både bokstavligen som kommer från maten men även känslomässiga restprodukter, tung energi och de genomlevda trauman och annat som du har transformerat.

Det är kopplat till kronchakrat och tillsammans styr de hormonsystemet. I en nödsituation behöver du bemästra alla dina fysiska resurser och det är rotchakrat som gör detta möjligt. Binjurarna är kopplade till detta chakra och det producerar hormonet adrenalin som är en del i "fly - fäkta" reaktionen.

Rotchakrat har en speciell energi, känd på sanskrit som kundalini. Detta är en extrem kraftfull energi som när den frigörs, rusar rakt upp genom kroppens alla chakror till kronchakrat uppe på hjässan. Kundalini är också namnet på hinduismens ormgudinna och denna energi avbildas ofta som en orm som ligger ihoprullad och sover vid svanskotan. När vi suddar ut präglingarna inom det första chakrat väcks kundalini energin till liv. Ormen reser sig och dess feminina energi rör sig upp genom chakrorna. När alla chakrorna är i balans så kan kundalini nå kronchakrat.

När jag gör chakra behandling sätter jag även under fotsulorna kristaller som stimulerar rotchakrat. Under fötterna finns det olika små chakror som har direkt förbindelse med Moder Jord.

Det andra chakrat, **sakralchakrat** finns under naveln och dess färg är orange. Det styr mjälten, reproduktionsorgan (testiklar och äggstockar), njurar och urinblåsan och alla dina kroppsvätskor, inklusive blod, saliv, samt lymfvätska. Namnet på sanskrit är swadhisthana och betyder behag. Här finns ditt centrum för njutning och smak. Det handlar då inte bara om mat och det sexuella utan även kläder, musik, design, färg, din kreativitet. Det är även centrum för dina känslor och styrs av månen. Vatten är dess tecken och sakralchakrat reglerar dina kroppsvätskor som flödar liksom tidvattnet med månen. Om detta chakra är i balans har människan god kontakt med sina egna känslor och är bra på att uttrycka dem. De ser hellre positivt på saker och de kan lätt vända problem till utmaningar. Ett obalanserat sakralchakra skapar skuldkänslor, självömkan, manipulativt beteende och avundsjuka. Om detta chakra är för öppet glömmer man lätt sina egna behov och engagerar sig istället i andras behov så att man till slut känner sig som en martyr. Det kan vara värt att reflektera över ordet sakral som betyder helig och ha i åtanke att individens behov är viktiga och dessutom heliga. Det andra chakrat reglerar ämnesomsättningen i ljusenergifältet och alla energiformer representerar föda. Det smälter den jordenergi som tas in i det första chakrat och omsätter känslomässig energi i nervsystemet. När detta chakra fungerar som det skall, kan det bryta ner negativa känslor såsom ilska och rädsla och låter dessa känslor försvinna genom rotchakrat. Moder Jord tar hand om denna tunga energi och ger tillbaka en känsla av att vara omhuldad och stå stadigt på marken.

Det tredje chakrat heter **solarplexus** och finns i navelområdet. Ordet för solarplexuschakrat på sanskrit är manipura, som betyder "juvelen i staden". Juvelen som det syftas på är sinnet. Dess färg är gul och dess element är elden och styrs av solen. Här föds din moraluppfattning och härifrån får du mod att stå upp för det du tror på. Det reglerar organen i din mage, i synnerhet matsmältningen. Eftersom detta chakra är centret för intellektet och beslutfattande, är det viktigt för både din hälsa och utvecklingen av detta chakra, att du gör dina egna val. Här produceras insulin som gör att glukos kan överföras från blodet till cellerna där det används som bränsle. Eftersom hjärnan är kroppens största bränsle förbrukare är det nödvändigt att ha ett balanserat solarplexus om man ska tänka klart.

Detta chakra hindras i sin utveckling om du känner dig kraftlös i livet. Kraftlösheten är vanlig hos vuxna som under sin uppväxt ständigt hade känslan av att inte kunde påverka sitt liv, att de inte fick vara med om att fatta olika beslut som berörde dem. Även våra delpersonligheter skapas i detta chakra där viljan har sitt säte. Personlig makt och vårt ego finns här och det största hindret för ett balanserat solarplexus chakra är just egot. Det finns ett samband mellan ego och rädsla av att förlora något eller någon eller en del av sig själv. Den rädslan ger upphov till behovet att intrigera, att tyrannisera eller på andra sätt styra människorna i ens omgivning.

När du blir samstämda med ditt tredje chakra tycker du bättre om dig själv, får större självförtroende och kan på sätt bryta egots spärrar. Du får alltså möjlighet att se dina delpersonligheter som du har byggt upp under din uppväxt och arbeta med dem. Se vilka strategier, handlingsmönster de har för kunna överleva i den miljö du växt upp i, som nu inte längre behövs. Nu finns det möjlighet att tranformera dem och låta de bli de tjänare för viljan som de skall vara.

Detta chakra förknippas med det medvetna sinnet, logiken, koncentrationen och självbehärskning. Detta är energicentrat för att bearbeta upplevelser, erfarenheter och kunskap. Genom att arbeta med detta chakra går du igenom vad som är användbart som livet har gett dig och transformera det som du inte längre behöver. Framför allt ger det dig en känsla av vad som är av värde och på så sätt skapar du en medvetenhet av integritet och unikhet. Solarplexus är ljusenergisystemets kraftcentrum och dess kraft kan användas konstruktivt för att manifestera dina önskningar i världen. Detta chakra gör dig ärlig mot din sanna natur och vårt syfte med livet blir tydligt och du kan följa det. När jag har behandlat klienter finner jag ofta att solarplexus chakrat är stängt eller alldeles för öppet. Det innebär att individens energi läcker ut genom detta chakra utan att kunna gå vidare i chakra systemet. Vårt först chakra är grunden för hela detta energisystem med det räcker inte att ha detta chakra i balans för att kunna gå vidare på sin väg, göra sin uppgift. För många räcker det att leva ett liv med de premisser de tror är de rätta; skaffa ett hem, få ett jobb, partner, skaffa barn och därefter dö. Men det är inte därför vi födds till detta liv utan alla av oss har en uppgift förutom de premisser jag nämnde. Att göra sin uppgift, sitt högre syfte innebär bland annat att balansera dessa chakror. Därför är det mycket viktigt att var och en tar sitt ansvar för den gåva som livet gett.

Det fjärde chakrat är **hjärtchakrat** och dess färg är grön eller rosa. Som namnet säger så finns det här chakrat där ditt hjärta pulserar. Dess namn på sanskrit är anahata som betyder "oskadd, ostörd och obesegrad" och dess element är luft. Anahata förknippas med balans och lugn. Hjärtchakrat är en länk mellan de lägre chakrorna och de högre och skapar en helhet mellan det fysiska och det abstrakta, kroppen och anden. Händerna är nära kopplade till detta chakra och med hjälp av dessa kan du ge av den kärlek du känner då du berör andra. När jag gör chakra behandling sätter jag i klientens händer kristaller som stimulerar hjärtchakrat.

Fysiskt är hjärtchakrat kopplat till thymuskörteln som är en del av lymfsystemet som i sin tur spelar en central roll i immunförsvaret. Är inte detta chakra i balans kan det leda till sjukdom. De människor som har nedsatt immunförsvar brukar reagera positivt när hjärtchakrat renas genom ljusbadsprocessen.

Hjärtchakrat leder dig att utveckla förmågan att älska dig själv och andra och att kunna ge förlåtelse. Att kunna ge förlåtelse till sig själv och andra är en förutsättning för att kunna leva sitt liv i harmoni och för att uppleva kärleken. Det är viktigt att fundera på vilka emotionella minnen som måste helas och vilka relationer som måste förändras. Den kärlek som upplevs här är skapelsens kärlek, den är inte objektinriktad eller beroende av någon annan för att kunna existera. Massage är ett fint sätt att ge ovillkorlig kärlek till våra närmaste.

Många av mina klienter klagar över att de upplever hjärtchakrat låst. De kan inte ta emot kärlek från sin omgivning men de kan inte heller ge något från sitt inre. Jag tänker att man först måste hela sig själv och ge sig själv förlåtelse.

När vi är barn skapas många olika skamkänslor som oftast inte är medvetna. Dessa skamkänslor blir till en klump som finns i vårt hjärta. Denna klump behöver få omvårdnad och få komma upp i ljuset. Jag anser att man inte behöver gräva djupt för att ta reda på orsaken till denna klump som hindrar kärleken att flöda. Det räcker med att acceptera och möta sina misstag och ta ansvar för dem. Med denna acceptans och sin vilja tranformeras denna tunga energi och rinner ner till Moder Jord.

Jag gjorde en yoga övning som just lät mig få förlåtelse både till mig själv och andra. Den heter Sahaja Yoga meditation och den hjälpte mig att släppa på känslor som hindrade mig från att känna den villkorslösa kärleken som strömmar inne i mig och utanför. Visserligen behöver man se över de övergrepp som möjligtvis har hänt i ens liv. Då anser jag det inte räcker med att försöka balansera hjärtchakrat utan man måste få upprättelse till det som har hänt. Man kan inte ändra på sina erfarenheter, trauman eller sådant som har sårat en. Men man kan ändra sin attityd och viljan att bli fri från sådant som hindrar en från att växa och utvecklas. Detta kan innebära att man måste ge en förövare förlåtelse för att själv kunna gå vidare.

Här vill jag nämna den österrikiske psykiatern Viktor Frankl som satt 3 år i koncentrationsläger. Han har sagt: *"Allting kan tas ifrån en människa, utom en enda sak: den sista av människans friheter - att välja vilken attityd hon vill ha i varje situation, att välja sin egen väg.*"

Förlåtelse och empati kan vi bara känna om vi är i balans med oss själva. Om vi kan ge oss själva förlåtelse för sådant vi gjort som har skapat skam eller skuldkänslor så får vi ny kunskap och insikt. Denna erfarenhet, denna förståelse, förlåtelse ger en förmåga att kunna göra detsamma till omvärlden. Då kan vi öppna vårt hjärtchakra och både kunna ge och ta emot kärleken som finns ständigt omkring oss och finns för alla och en var.

Det femte chakrat är **halschakrat** och dess färg är blå och dess element eter. Som det första av de högre universella chakrorna är det ansvarigt för din unika inre röst och kommunikation, både i den ordinära världen som på den andliga nivån. Dess namn på sanskrit är vishuddha som betyder renhet eller rening. Det är nära kopplat till hjärtchakrat och behöver stå i ständig kontakt för att vidarebefordra och behandla fysisk, känslomässig och andlig information, så att det levereras till alla chakrorna. På så sätt blir det till en helhet av all information som är viktig.

Kommunikation är av högsta vikt för halschakrat och då det är i balans kan du berätta dina idéer och ge uttryck för din unika personlighet, känslor och tankar men också lyssna på vad andra har att säga. All kommunikation hör till detta chakra: talet, sången, musik, skrivandet, bilder, mimik, rörelse, alla slags uttryck du gör med ditt ansikte, din kropp och även ditt utseende, hör till detta chakra. Halschakrat sätter dig i förbindelse med dig själv och du vågar vara den du är på ett ärligt sätt. Det hjälper dig att ta din plats i världen och inte förringa dig själv eller dina gåvor. Du kan föreställa dig vem du kan bli och känna de oändliga möjligheternas frihet.

Halschakrat körtlar är sköldkörteln och bisköldkörteln som reglerar kroppens temperatur och styr ämnesomsättningen. Med andra ord så påverkar det kroppsvikten och upptagandet av olika vitaminer, spårämnen och mineraler. När detta chakra är i obalans så kan man ha ont både i ryggen, halsen och nacken. Du har problem med rösten och kanske blir ofta hes eller får ont i halsen.

Det sjätte chakrat är **pannchakrat eller tredje ögat** och dess färg är indigo och dess element ljus. Namnet på sanskrit är ajna, som har två betydelser, både observation och befäl (enligt Anna Selby: Chakra höj din energi). Alberto Villoldo beskriver det som "obegränsad kraft". Enligt Kabbalah kallas Anja chakra "förståelse" och ansvarar för att förstå abstrakta begrepp och principer. I den hinduiska traditionen sägs det vara Shivas tredje öga som skänker kunskap om fulländad sanning och icke-dualitet. I detta chakra får vi kunskap om att vi är oskiljaktiga från Gud. Vi uttrycker det gudomliga inom oss och vi ser det gudomliga hos andra. Man inser att man är en evig varelse som bebor en tillfällig kropp. För att komma hit hän måste du kunna vara totalt ärlig både mot dig själv och andra. När pannchakrat är i balans accepterar det inga ursäkter hur svåra val du än står inför. Det kan medföra att du kanske måste göra upp med ditt förflutna, med dina relationer kanske måste byta arbete. Du måste helt enkelt lyssna på din inre röst som berättar för dig vilka val du måste göra för att bli en hel människa och göra din uppgift. Detta kan leda till att du upplever det väldigt obekvämt och svårt och försöker stänga rösten som talar till dig. Men någonstans, någon gång så kan du inte längre ignorera ditt högre syfte. Då kommer du att ställas inför de val som du har försökt undvika, kanske under en livstid.

För mig är detta chakrat direkt kopplat till min intuition både den som jag använder i det vardagliga livet och den andliga intuitionen. Med hjälp av detta chakra kan jag kommunicera med naturen och allt som finns där. Jag har förmågan att veta vad som händer utanför det som sinnet uppfattar. I det femte chakrat är vårt paranormala chakra men hjälp av pannchakrat kan jag på en mer intellektuell nivå översätta den information jag får från andevärlden, jag kan förnimma, veta. På så sätt finner jag orden för de visuella bilder, visioner, tankar jag får. Många gånger kommer orden mycket senare, det kan faktiskt ta en "hel evighet".

Psykologiska aspekter i detta chakra är förnuft, logik, intelligens och kroppsliga aspekter är hjärnan, ögonen, nervsystemet och pannchakrat styrs av hypofysen.

Det sjunde chakrat är **kronchakrat** och dess färg är lila, vitt och guld. Dess element är tanke och består av ren andlig energi. Sahasrara är namnet på sanskrit och betyder tusenfaldig, oändlig. Kronchakrat finns längst upp på hjässan och är vår port till himlen. Ljusstrålarna från kronchakrat sträcker sig upp till stjärnorna, på samma sätt är rotchakrat vår port till jorden och strålar ner i Moder Jord. Frön gror bara när de är i den bördiga jorden med det är solens ljus som får de att växa. På samma sätt gror vårt andliga liv i det första chakrat i och med förbindelsen med jorden och när kronchakrat är i balans kan himlens ljus strömma genom och nära hela chakra systemet.

När alla chakror är i balans kan kundalini energin nå kronchakrat och då uppnår du ett medvetentillstånd och är öppen för skapelsens ande. För många som tränar yoga är detta slutstationen. De har nått förbindelsen med det gudomliga och uppnått upplysning och har inte längre något behov i den materiella världen. De har blivit ett med universum och upplever total frid, eller nåd och fulländning.

Kronchakrat representerar kunskap om din sanna väg och att leva därefter. Den del människor beskriver öppnandet av detta chakra som ett uppgående i den gudomliga viljan eller som att bli ett med universum. Du upplever total frid och fulländning och du känner livets mening, syftet med ditt liv, din själ, du får kontakt med ditt sanna Jag. Människor som bemästrar kronchakrats gåvor förstår att livets flod flyter bortom form och formlöshet, bortom existens och icke-existens. De känner oändligheten som oavhängig tid och form.

Körteln som kronchakrat påverkar är hypofysen som är den överordnade körteln som kontrollerar de andra körtlarna i det endokrina systemet.

Det åttonde chakrat finns ovanför ditt huvud och är din aura. När det blir uppväckt lyser det som en strålande sol i ljusenergifältet. När du väcker ditt medvetande i det åttonde chakrat får du tillgång till förfädernas och farmödrarnas minne. Alla dessa gamla minnen blir tillgängliga och du kan höra deras röster och få dessa som lärare i ditt nuvarande liv. Detta chakra är förbundet med det mänskliga kollektivets bilder och minnen, alltså du har tillträde till en enorm kunskapsbank. Detta chakra påverkas inte av döden utan är enbart en mall för den fysiska kroppen som då byts ut till en annan fysisk kropp. I det åttonde chakrat finns en djup förening både med skapelsen och med skaparen, som vi blir ett.

I min dikt i början om tomheten är det som jag fick till mig beskrivet vid en trumresa. Jag ser "skaparen" som en slags energi, livsgnista som föds i tomheten och som bekräftar sig i olika former av liv. Det handlar inte om positiv eller negativ energi utan enbart livs energi.

När man gör en trumresa för att få ny kunskap måste man bland annat aktivera det åttonde chakrat och på så sätt få beskydd.

Det åttonde chakrats utmärkande egenskap är osynlighet. Detta fenomen har jag själv fått uppleva. Jag har suttit i ett rum och har inte blivit sedd. Det var då jag var i något slags meditativt tillstånd. Jag kunde inte heller ta kontakt med de personerna som kom in i rummet och de såg inte alls mig.

I det åttonde chakrat blir man medveten om "betraktaren" - ett själv som har varit med från begynnelsen av den andliga resan. I den andra dikten i början av boken fick jag just den förnimmelsen hur jag färdades genom universum och valde var mitt liv skulle börja.

Det nionde chakrat finns i universums hjärta. Det befinner sig bortom tid och rum; det sträcker sig ut genom rymdens omättliga rum och är förbunden med det åttonde chakrat genom en lysande tråd. Med hjälp av denna tråd kan man färdas genom kosmos alla utrymmen, rum och komma till olika platser där en annan värld finns.

I det nionde chakrat befinner sig andens hemvist. Jag skulle kunna säga att här finns just "Tomheten" med "Ljuset" som jag förnimmas under mina resor till den andra världen.

När detta chakra återuppväcks hörs ett djupt, mullrande ljud som ekar över åkrar och mark och berg och dundrar i skyn. Då jag gjorde min trumma 2006 och gick för sista gången från mitt kraftplats fick jag höra detta dundrade ljud som kom från en liten kulle bredvid där jag hade suttit ute-natt. Jag blev verkligen rädd och undrade då om björnen som jag hade träffat på, hade blivit verklig i denna världen.

Eko-terapi

Naturens räddning och människan fortlevnad är beroende av de val individen gör i sin vardag. Om vi människor förstår den totala innebörden av vid vilken avgrund vi står skulle mer ha blivit gjort hitintills. Nu måste vi helt enkelt bryta med våra konsumtionsvanor och dela av de resurser som finns tillgängliga för oss. Det är barnen som är vår resurs till att förändra världen och det är på dem vi måste fokusera och ge världen en möjlighet till healing.

Nu finns det många vetenskapliga undersökningar som bekräftar att naturen helar oss från sjukdom och ger oss lindring men förr i tiden var detta en självklarhet, Då gick man till en klok gumma eller gubbe och bad om lindring för sina besvär.

När jag var liten var det mycket naturligt att vistas utomhus det mesta av sin vakna tid. Jag var ute i skogen, klättrade i bergen och träden, lekte bland sten och mark. När jag var barn träffade man sina kamrater ute och var mycket sällan inomhus och lekte.

Min farbror bodde på landet och där vistades min familj ofta. Runt omkring fanns det ett kulturlandskap och där fanns spår efter bebyggelse från stenåldern. Jag hittade på en åker en bearbetad flinta sten som ser ut som ett ormhuvud och en bit ifrån min farbrors hus finns en vikingagrav. Det var i denna miljö som jag gick omkring i då jag var liten. Inte tänkte man då på att naturen hade helande krafter för det var väldigt naturligt att vistas i den miljön. När jag blev äldre och kände mig deprimerad eller behövde fundera på något, gick jag alltid ut i naturen. Jag måste säga att naturen var för mig det första steget mot att bli hel. Jag har sedan barndomen byggt upp en djup relation med naturen och har kunnat anamma dess helande kraft.

Jag har utbildat mig till mulle ledare och har haft naturskola då jag jobbade med barn. Barnen har en naturlig relation med naturen såsom jag hade som barn. När vi vistas tillsammans så skapas en unik möjlighet till helande både för oss människor men även för det som finns i naturen. Så när Helsingfors stad ordnade en eko-kurs för sina anställda med rubriken: *Hur kan man fostra barn till miljövänliga människor?* var jag en som sökte kursen. Jag hade fokuserat mer på att ge art kunskap till barnen men nu fick jag ett annat perspektiv på hur vi kan vistas i naturen. Det var på denna kursen som jag kom i kontakt med eko terapi 2007. Kurs tillfällen var 4 stycken och gav en grund för att använda eko-terapeutiska verktyg som ledare och utbildare.

Nu fick jag bekräftelse på hur naturen på ett terapeutiskt sätt helar oss människor och hur viktigt det är att ge tillbaka till naturen.

Riitta Wahlström som ledde kursen, berättade om att hon hade haft kontakt med indianer, aboriginer, samer, druider och kelter. Vi fick lära oss om naturens balanserande effekt för våra känslor, biologiska system. Hur bara bilder av naturen lugnar och sänker stressnivån.

Även barn har stor hjälp av naturens krafter. Kursen ville visa oss hur barn skulle kunna bli till miljövänliga personer genom lek och övningar. Föreläsaren berättade om att allt vibrerar i vår omgivning. Detta fenomen läste jag om i Mayakalendern som Carl Johan Calleman har skrivit en bok om men det var mycket senare.

Men redan då jag studerade chakrorna såg jag att luften inte bara var ett tomrum utan där fanns något som liknade dimma av något slag. Färgerna vibrerar också och vibrationerna skiljer sig. En synskadad person kan känna dessa vibrationer och skilja på färgerna på detta sätt. Guldfärgen vibrerar mest av alla färgerna. Dessa vibrationer berättar även feng shui även om och hur viktigt det är låta dessa vibrationer få en harmonik ström. Egentligen finns det inget som är totalt en solid massa. Utan allt är i förändring, allt vibrerar och sänder ut energi som är i rörelse och påverkar oss hela tiden. Om man inte är medveten om detta ständiga energi flöde så är det lätt hänt att man tar till sig energi som inte är bra för en. Det finns energi som stagnerar och låser oss i gamla mönster.

Föreläsaren berättade om vattnet, att finns olika slags vatten och att vatten reagerar på sin omgivning t.ex. på musik. Det har gjorts experiment med olika musik genrer och vattnet reagerar på olika sätt om man spelar Mozart eller rockmusik. Det är viktigt att tacka vattnet. Tacksamheten är ursprungsfolkets grund. Rent vattnet är för oss i norden en självklar sak men i världen är tillgången till vatten inte något självklart. Vi fick lära oss att tacka för vattnet och föreläsaren ville att vi skulle lära barnen göra likaså. Tacksamhet är något jag känner varje dag. För små saker i vardagen men även för stora underverk som sker.

Naturen helar är något som finns i ursprungskulturen och även i det holistiska tänkandet i modern tid. Det är något som jag har tagit fasta på och lever så nära skog och mark varje dag. Detta är något jag överförde i mitt arbete med barn och lärde ut att vörda Moder jord på alla sätt. Trädens kraft är något som finns i alla gamla kulturer. När jag var på eko-terapi kursen gjorde vi många olika träd övningar. Vi firade trädets födelsedag och kom med gåvor till trädet. Vi fick uppsöka det träd som kallade på oss. Trädet har hela tiden varit med mig på min resa på att bli hel. Träd har en mycket stark påverkan på människor och på varje gård hade man sitt eget heliga träd. Dessa övningar i eko-terapin öppnar människans inre och vi kan känna samhörighet med alla världens folk och kulturer. Träd är en gemensam nämnare och även vatten elementet har en viktig funktion. Växterna i naturen helar och att bara befinna sig i naturen sänker blodtrycket och man känner sig lugn.

Där finns många olika kraftplatser. Jag har fått ett från en stor gran som har vält nära mitt hem. Jag kallar den för "Moder jords håla". Dit har jag gått regelbundet för att meditera, sörja eller göra olika ceremonier. Jag går dit för att själv få healing och för att ge vidare energin till andra behövande, nära och kära. Där har jag trummat för de närmaste som har dött och för andra katastrofer som händer i världen. Det finns andra platser och fenomen som hjälper mig i naturen. Jag talar med stenarna, växterna, fåglarna, ja allt som finns och växer. De är alla en del av mig och jag är en del av dem. Jag lyssnar på fåglarnas kvitter och deras närvaro ger mig information men även annat som händer ger mig information, kunskap om världens gång och frågor som jag bär inom mig. Det finns vissa fåglar som representerar vissa människor för mig. När min f.d. svärmor dog 2018 gick jag till "Moder jords håla" och trummade för henne och gjorde en ceremoni för henne. När jag gick därifrån flög en ensam svan över mig och sjöng. Då jag kom till stugan som hon och min f.d. svärfar har byggt upp efter hennes begravning, flög en ensam trana över huset i cirkel många gånger. Även den sjöng.

Jag får m h a trumman och min sång kontakt med den andra verkligheten som kan berätta vad och hur jag ska göra. Jag har också hjälp av min stav som är gjord av ene träd som jag har snidat. Intuitionen, vår allas inre röst har också kontakt med den andra verkligheten och leder oss rätt om det känns svårt att komma vidare. När vi vistas i naturen är dessa redskap mycket användbara och har funnits från tidens begynnelse. Människan har tagit två stenar i sina händer, framkallat en rytm och med hjälp av sin sång, röst tagit kontakt med naturens krafter.

Grundkursen i shamanism i Sverige 2007

Jag hade en egen trumma, gått de heliga ordens kurs, kurs i eko-terapi men aldrig någon egentlig grundkurs hur man utövade shamanism. Jag hade träffat många shamaner på olika möten och träffar och hade lärt mig grund förutsättningarna för att kunna göra resor till den andra verkligheten. Men alla hade sina egna tankar och åsikter hur man utövade shamanism. De olika behandlingarna t.ex. själhämtningar gjorde vi utan att någon tydligt berättade hur det skulle gå till. Jag saknade konkreta steg som man skulle iakttaga vid olika ceremonier och behandlingar. Det kändes lite flummigt att utövad olika ceremonier utan att alla var helt insatta hur det skulle gå till. Det var svårt att hitta begrepp som kunde översättas till ett förståliga verktyg av utövandet av shamanism. Jag ville hitta dessa begrepp och kunna översätta det shamaniska budskapet så att alla kunde förstå vad det handlade om. Även denna boken jag håller på att skriva handlar om att göra shamanismen mer tillgänglig så att andra kan ta till sig den kunskap jag har fått.

På något sätt kom jag kontakt med en grundkurs som Staffan Ljung i Sverige, Årrenjarka skulle hålla. Jag anmälde mig till den!
Det var precis en sådan kurs som jag hade velat gå. Ledaren hade mycket bestämda åsikter hur

man utövade shamanism. Hur strikt det var att följa de rätta stegen och inte gå vilse i den andra verkligheten. På kursen fick jag tydliga verktyg hur man säkert kan komma i trans och resa till den andra verkligheten som Staffan kallade "icke ordinära verkligheten" och komma tryggt tillbaka igen. Det finns nämligen en risk att man kan gå in i en psykos då man gör dessa ceremonier, ritualer och kommer i trans. Min f.d. man var mycket rädd för att jag skulle flippa ut då jag började med shamanism. Det är möjligt att någon hamnar i ett vakuum mellan dessa två verkligheter och kan inte skilja dessa åt. Inom shamanism finns det olika "ankare" som man använder då man gör olika resor till t.ex. dödens boning för att inte hamna i "mellanrummet".

Jag hade inte med mig min Björn trumma men istället hade jag min Björnskallra som var gjort av samma skinn. Ledaren lät mig inte använda den vid de olika ritualerna, för han sa den var mer kraftfull än en trumma och att alla kursdeltagarna inte var kapabla att klara av den kraften. Vet inte om det var så eller om min kraft överhuvudtaget var för stor i dessa sammanhang. Men jag hade kommit hit för att lära mig och lät allt vara. Kursen bestod utav tre olika nivåer som Staffan lärde ut inom shamanism. Det var grundkursen, fortsättningskurs och om jag minns rätt, en soul retrieval kurs. Så vi var väldigt många deltagare och Staffan Ljung var ensam ansvarig för kursens gång. Det måste ha varit ett stort ansvar men många hade ju redan gått hos honom så de var säkert något slags stöd för honom. Han var också en praktiserande shaman och tog även emot privat personer som hade gått hans kurser. Man ska ha ett syfte för sin trumresa, ett ställe där man går ner till sin tunnel och man skall alltid ha sitt kraftdjur med sig. Staffan poängterade mycket bestämt att man aldrig fick gå ensam och att man inte fick irra omkring utan ett bestämt syfte. Han sa också att det var viktigt att gå tillbaka samma väg som man hade kommit. De flesta talar om en tunnel som de går ner till undervärlden och som man startar sin resa ifrån. I mitt fall har jag nog en tunnel som jag går ner i men sedan har jag en grotta med olika ingångar och tunnlar. Några av dessa har jag med åren vandrat och hittat olika världar men 2007 hade de ännu inte uppenbaras sig för mig. Men grottan har alltid funnits med sin källa.

Vi började med att göra en resa för att tacka våra kraftdjur som ville vara med oss på denna kursen. Samtidigt frågade jag syftet för mig att deltaga på denna kurs.

Resan: Jag tackade mitt lejon och skötte det. Man skall sköta sina kraftdjur, ge dem mat och vatten. Och på andra sätt omhulda dem så att de känner sig uppskattade för det arbete de gör. Märkte att jag inte hade gjort detta på länge för Lejonets päls var tovig och han verkade inte så väldigt glad. Kanske hade han varit med för länge och kände sig nu lite trött och behövde få lite vila. Kanske ville han vidare och bli tranformerad till en annan nivå. Vi dansade i alla fall med varandra som vi hade gjort i indianbyn. Kursen fortsatte faktiskt efter det med att ledaren sa att nu skall vi dansa vårt kraftdjur. Vi blev vårt kraftdjur och lät det bestämma dansens gång. Det var verkligen en märklig dans tillställning då alla deltagarna dansade och ljudade sina kraftdjur. De kröp, hoppade och försökte flyga, ja det var en verklig ett kraftfullt, uppfriskande att medverka i denna kraftdjurs dans!

Jag dansade först Ormen med smidiga, vackra rörelser, sedan ville Björnen få sin tid med mycket stora, tunga rullande rörelser. Sedan ville lejonet komma till tals med annorlunda, värdiga eftertänksamma danssteg, rytm. Det var ett stort nöje att kunna känna dessa kraftdjur i min kropp och att vi smälte samman till en helhet. Örnen kom också och ville vara med i dansens virvlar.

Vi sjöng också på kursen tillsammans och det blev till en väldigt stark energi givande sång med kanske 80 personers stämma.

Vi skulle göra en resa till den övre världen för att träffa vår lärare där. Samtidigt uppmanade Staffan oss att lämna bort sådant vi inte behövde längre eller som måste få gå vidare. Detta är något som är väldigt vanligt inom shamanism. För att få något nytt måste man ge bort något. Vi skulle lämna bort sådant vi inte behövde, som vi inte ville ha, som man måste bli av med. Denna tanke skulle vi ha då vi kom till vår tunnel. Där är det bra att lämna det som skall gå vidare, transformeras och kanske man hittar också det man behöver i sin tunnel. Jag hade gjort en resa till den övre världen för att träffa min lärare då jag gjorde min trumma. Det skulle bli spännande att se om det var samma lärare eller om jag skulle få träffa en ny. Jag hade redan ställt frågan om vilket syfte jag hade med att gå denna kursen. Nu blev avsikten ännu klarare för mig innan trumresa startade.

Skissa upp tillvägagångssättet - mer strikt
Hur kallar jag till mig mina kontakter från den andra sidan
Vilka är de alla
Vilka roller har de - hur/vad hjälper de mig med i detta livet
Vilken uppgift har jag som jag skall förmedla från den andra verkligheten

Svaren blev väldigt tydliga! Jag är här på kursen för att klartlägga mitt shamaniska arbete - rätta till vissa krokar, få ett stadigt tag i tillvägagångssättet. Få en stabil grund att stå på även om det börjar svaja. Kartlägga de olika världarna som jag hitintills har bara anat och de som var mer kända. Det hade varit svårt att hitta det rätta sättet att komma iväg på trumresorna, att komma i trans. De som sysslar med shamanism har olika sätt för att få kontakt med den andra världen och komma i trans. Jag kan sitta och komma i trans med att gunga och släppa medvetandet. Då kan jag få kontakt med den andra sidan. Intuitionen är en förmedlare mellan dessa världar och jag har låtit min inre röst få stor del av mitt liv. De flesta talar som sagt om sin tunnel men jag har en grotta med olika rum och tunnlar. Dessa rum och tunnlar har jag kunnat undersöka då jag har haft tillräckligt med kunskap och kraft. Det krävs detta för att kunna möta de och det som finns där. Då jag var på grundkursen visste jag inget om dessa rum utan anade bara att de fanns. Intuitivt visste jag att hade mycket att lära, se och få uppleva men att jag måste ta ett steg i taget. Min personlighet innebär att jag vill fort fram och jag snubblar emellanåt på min väg. Tålamod och att göra en sak i taget, har aldrig varit min starka sida.

Uppgiften, syftet med trumresa var att gå/flyga till den övre världen för att träffa vår lärare. Havsörnen kom till mig och vi flög till Hilmas hustak där jag hade varit på ord kursen i Kustavi. Där hade jag träffat havsörnen för första gången då jag såg två örnar dansa och sjunga i skyn. Vi flög från Hilmas hustak upp till himlen och kom till min Turkosa moders ställe. Det var inte målet med resan utan vi flög vidare. Det var härligt att flyga och känna ilningarna i magen uppe i det blå, ovanför molnen. Det kändes väldigt befriande. Vi flög mot nya horisonter och jag frågade Örnen om det är någon annan lärare som jag skulle få träffa. Det blev ett positivt svar men istället för att träffa någon ny lärare flög vi tillbaka till Kustavi och till silverträdet där Väinämöinen fanns. Han var där och han tog min hand och vi gick in i trädet. Jag kröp in i trädet till samma runda rum med bordet och stolarna som förra gången. Han sa igen att jag skulle skriva.

Under resan kom det fram att mina huvudlärare just nu är Turkosa modern, Fader indianen och Väinämöinen. Det kom också fram att jag har andra lärare men att jag måste först tillrättalägga allt, kartlägga allt som jag hitintills har fått kunskap om. Det som jag har lärt mig från den andra verkligheten som jag ska transformera till denna världen. Min uppgift är att "översätta" det budskap från de andra världarna, berätta vad de har att säga.

Vi fick också göra resor i mellan världen, i den ordinära världen som Staffan Ljung kallar den. Även här var trädet en budbärare till människan, en kunskapsbank. Vi hade först fått till uppgift att hitta ett träd, som kallade på oss då vi var och promenerade. Då man har till uppgift att hitta något i den verkliga världen är man på en shamanismisk resa. Då har man med sig sin skallra och man kan även ha med sig sitt kraftdjur. Vi skulle uppleva trädet med alla våra sinnen som vi har i den ordinära världen. När vi alla hade hittat vårt träd kom vi tillbaka till huset vi vistades i för att göra en trumresa i mellan världen. Inom shamanismen kan man göra olika resor, till den övre världen, till mellanvärlden och till den undre världen. Man kan göra resorna innomhus, liggande på golvet då andra trummar. Men man kan också ta med sin trumma eller skallra och gå ut i naturen för att få svar eller healing, energi eller annat från den andra världen. Man kan också göra en mellanvärlds resa och gå tillbaka till ett bestämt ställe i detta fallet ett träd. Då ligger man på golvet och någon annan trummar.

Vi skulle tillbaka till vårt träd och Björnen kom till mig och vi gick ut ur huset. Utanför väntade Örnen på mig och vi flög högt upp i luften. Jag fick säga till Örnen att vi skulle till trädet och inte upp bland molnen. Örnen vände och flög ner mot marken till trädet som hade kallat på mig. Vi satte oss i toppen av det och jag klev av. Medsamma blev jag liten som tummelisa och jag började klättra ner. Jag stannade till då och då vid olika utväxter. Jag frågade trädet om det är något det vill berätta för mig. Jag fick inget svar. Är det något jag behöver veta, någon kunskap som jag skulle behöva? Då fick jag svar! Jag skulle inte trycka ner mina närmaste bara för att jag vill gå min shamaniska väg. Jag skall inte nedvärdera någon, inte förakta deras liv och deras val. De växte och blev mycket stora. De växte till en enorm skepnad och jag var fortfarande liten som tummelisa.

Resan fick mig att fundera på hur min vardag gestaltade sig. Hur jag på något vis delade upp mitt liv i den verkliga världen och i den andra världen. Mindes hur jag satt gränsle på en stenmur i Estland då jag var på trum tillverknings kursen. Då sa en av mina lärare att *"en shaman har en fot i denna världen och en fot i den andra världen"*. Detta är en balansgång mellan olika sätt att förhålla sig till det liv man lever och att leva i en kontext som kräver olika egenskaper av individen. Du måste kunna skilja dem åt men samtidigt vara hörsam för de budskap du har tillgång till. Vid denna tidpunkt hade jag ännu inte kunnat förena dessa världar. Det fanns någon slags skam, rädsla att öppet vara den jag är. Rädslan handlade mycket om okunskapen, att allt jag fick var egentligen oförståtligt, att det helt enkelt inte kunde vara sant, att allt var humbug. Den enda jag visste var att jag måste gå vidare på den väg jag hade valt eller blivit vald till, att jag hade en uppgift att göra, min uppgift!

Till svårigheterna hör också svårigheten med att kunna släppa, lämna bort materiella ting men också vanor, mönster och annat som egot och samhällsnormerna kräver. Att släppa och känna tillit har varit svårt, känslorna och rädslor har hindrat mig att känna att livet bär mig.

Det är inte bara träden som har en viktig funktion inom shamanismen utan även berg och stenar. Stenarna är Moder jords första barn enligt den indianska shamanismen.

Vi fick till uppgift att hitta en sten som till talar oss. Helst en med många skrovliga sidor men åtminstone 4 stycken olika sidor. Därefter skulle vi sitta en stund och meditera med stenen. Efter meditationen jobbade vi med en partner och vi turades om att vara klient och turvis shaman. Nu började vårt shamaniska klient arbete! Vi satt bredvid varandra, axel mot axel. Klienten fick berätta sitt problem. Kanske hade den ont i knäet, vill ha vägledning eller något annat den ville ha svar på.

Det är viktigt att klienten formulerar sitt syfte så att det är relativt kortfattat och att klienten verkligen själv förstår vad den vill ha svar på. Shamanen frågar många gånger om syftet och man formulerar om det så att det är kortfattat och är det som klienten vill ha svar på. Frågans karaktär förändras under detta samtal så att både klienten och shamanen är helt införstådda med syftet. Sedan ber shamanen klienten välja en sida av stenen och beskriva vad den ser. Här är det viktigt att inte shamanen på något sätt tar initiativet till denna beskrivning utan bara upprepar det klienten ser. När klienten inte längre kan beskriva det den ser på denna sidan av stenen frågar shamanen åter igen vilket syfte klienten har. Klienten måste återupprepa syftet efter varje gång den har vänt på stenens olika sidor. Varje gång shamanen uppmanar klienten att säga vilket syfte den har, kallar shamanen klienten tillbaka från den icke ordinära verkligheten. Stenens andar helar människan och har funnits från begynnelsen och har på så sätt energi, kraft och kunskap att ge till oss människor.

Efter detta arbete fick vi göra en trumresa till stenens hemvist. Samtidigt kunde vi fråga stenen om något man ville ha svar på. Björnen och jag lufsade omkring i olika landskap och vid något slags vatten. Jag upprepade syftet med resan att vi skulle till stenens hemvist. Under trumresa kom vi fram till min sten samtidigt som vi krympte och blev mycket små. Stenen blev till ett berg som vi gick på. Där på berget fanns ett hål, en spricka som vi gick in i. Där inne var det alldeles mörkt men jag blev inte alls rädd. Jag ställde min fråga som löd: *"Jag vill få hjälp med att på ett ödmjukt sätt vara den jag är."* Vi kom till ett landskap som jag hade sett förut. Det var samma miljö som jag hade sett då jag såg Sagan om ringen. Där fanns gångar, små stigar, avgrunder, saltpelare. Stället var mycket stort och man såg inte var det började eller slutade. Där fanns tunnlar här och där, det var högt och lågt. Först vände vi om men gick in igen. Då fick jag se mig själv som en hemsk, skrikande häxgestalt som betedde sig illa mot sina närmaste och andra. Det var inte någon trevlig syn! Den gestalten tog jag i nypan. Björnen och jag kastade in henne i en eld som brann där inne i den stora grottan. Efter det kom en av mina lärare som inte hade visats sig förrän nu. Det var Smeden som gav mig kraft till min högra hand. Jag bad om healing och fick detta.

Denna trumresa var så stark att jag kände hur jag lyfte från golvet. Den kraft som jag fick från Smeden strålar, strålar också över hela världen. Ljuset lyste upp inne i den mörka grottan men även rummet som trumresa utfördes i. Kraften kändes som en stor tyngd i min högra hand. Kanske var det meningen att jag skulle smida om gestalten som var i elden till den ödmjuka människan som jag önskade.

Vi människor har både en ljus och en mörk sida.

Vi kan inte vara goda om vi inte vet vad som är ont. Motsatserna finns som yin och yang, på så sätt skapas det balans.

Under denna trumresa fick jag också kontakt med min Turkosa moder som gav mig healing till min vänstra hand. Hon berättade att hon kommer till mig då jag behöver henne. Jag behöver inte söka upp henne.

Trumresan gav mig som mången annan gång konkreta bilder hur jag skulle göra i min vardag. Istället för att tämja, smida om den hemska Lillu så åt jag upp henne, svalde resterna som fanns kvar då elden hade tranformerat henne.

Under denna kurs promenerade jag mycket och såg och hörde naturens ljud. Jag tackade skogens, landskapets väsen för den kraft jag hade fått.

Vi gjorde många olika övningar och trumresor. Bland annat hur man hämtar ett kraftdjur till en klient för ett speciellt ändamål t.ex. för att få mod att göra något radikalt, förändringar i sitt liv. Emellanåt behöver vi olika kraftdjur för olika skeenden i livet. Jag har åkallat Tigern då jag behöver extra mycket kraft för att kunna gå vidare. Det kan ha varit svårt på jobbet med olika relationsproblem eller ett arbete som krävde extra mycket styrka. Tigern kom till mig en gång då jag kände mig kraftlös. Den började gå bredvid mig och strök sig mot mina ben och berättade att hon fanns där för mig. Jag har aldrig direkt "ropat" på henne men hon har kommit då jag känt mig extra nedslagen.

När man jobbar med en annan människa så är det

naturligt att man tar emot. För mig har det alltid varit svårt att kunna lita på någon annan och öppna mig för kärleken. Nu när vi gjorde övningen att få ett kraftdjur för ett visst syfte, blev jag salig av lycka, att jag vågade ta emot från min partner. Mitt syfte var att få ett kraftdjur som hjälper mig att lyssna bättre på de budskap jag får och kunna förstå innebörden av dem. Jag fick tre olika fåglar och det kändes väldigt naturligt. De kan förmedla budskapen på ett bra sätt eftersom de har vingar. Örnen var en av dessa tre fåglar. Vi fortsatte övningen med en trumresa med att få svar på hur och vad jag skulle göra för att förverkliga mitt syfte. För min del handlade det om hur jag skulle kunna lära mig av fåglarnas kunskap. Under resan kom det fram att jag har olika roller i min vardag och det är ett bra redskap för att kunna lyssna bättre. Dessa olika roller som jag har i min vardag tar mig till olika sammanhang, jag träffar olika människor, får olika meddelanden.

Kursen fortsatte med att vi skulle hämta en ceremoni/ritual som skulle hjälpa oss med vårt syfte, våra frågor. Jag fortsatte med att utveckla mitt syfte *"att vara den jag är på ett harmoniskt sätt"*. Min partner skulle hämta till mig en ceremoni och jag en till henne. Vi jobbade alltså två och två igen. Vi skulle gärna tända en eld som vi kunde sitta vid och fundera på de tankar som tynger oss. Tankar som hindrar oss från att gå vidare och kunna ta emot kunskapen vi behöver för att nästa steg. Jag skulle alltså få redskap, verktyg för att kunna bli den jag var ämnad att vara. Min partner som hette Mia bad mig samla stenar som symboliserar min smärta. Jag skulle lägga dem runt elden och inte sluta förrän det kändes bra inom mig. Varje sten skulle representera en tyngd inom mig som jag bar på. Det blev många sten bumlingar och när jag tittade på de foton jag tog senare såg jag ansikten. Där fanns både en skrattande och en lessen/sur figur som uttrycktes i stenens mönster. Helt fantastiskt och ofattbart? När monumentet var klart skulle jag sitta och känna lättheten som fyllde mitt inre. Ceremonin fortsatte med olika ritual övningar.

Vi människor har med oss i vår inre ryggsäck stenbumlingar som någon annan har lagt dit. Men eftersom vi har ett sårat barn inom oss, tror vi att det är vi som måste bära andras bördor. Det är inte lätt att släppa dessa tyngder som man har släpat med sig under sin livstid och man tror att det är så det måste vara. Det hjälper inte att bli medveten om dessa mönster om man inte konkret gör någon slags ceremoni/ritual för att kunna släppa dessa mönster. Orden räcker inte till och terapi är inte tillräckligt utan varje individ måste göra sin egen plan, väg hur den kan släppa dessa stenar som olika händelser och andra har placerat i vår egen personliga ryggsäck.

Efter alla olika uppgifter jag hade runt elden var jag redo att ta emot en gåva som vattnet skulle ge mig. Det skulle vara något lätt som jag skulle kunna bära med mig. Jag hittade en liten sten som jag har fortfarande kvar! Fotona på stenarna har jag också kvar. Ett är mycket positiv och glad och ett annat var sur och tvär. Men så är det. Vi har både en mörk och en ljus sida annars kan vi inte skapa harmoni.

Ceremonier, ritualer är viktiga för att bekräfta, befästa den shamaniska vägen. dessa ceremonier har funnits så länge som shamaner har funnits. Ritualer, myter är viktiga inslag i vår mänskliga historia. Vi har förglömt hur det är att vara en hel människa med nära kontakt med helheten, jorden och universum. Vi har glömt att lyssna på vår inre röst, vår intuition. Nu för tiden får artificiella ting ta över dessa ritualer som "renar" och förankrar oss. Materialism och ett sökande efter mammon har gjort människan främmande för sitt ursprung.

Nu hade jag gått grundkurs i shamanism och hade fått det jag behövde på min fortsatta resa till helhet. Jag hade bett om ett strikt tillvägagångssätt då jag utövade shamanism och hur jag bättre får kontakt med den andra sidan. Året var 2007 och kunde fortsätta mot svårare uppgifter!

Ett nytt steg på den shamaniska vägen

Shamanismen i vardagen är hela tiden närvarande. När jag går ut och tar en promenad nära mitt hem stöter jag direkt på olika fenomen. Fåglar som kvittrar och ger mig budskap. När jag hör Nötskrikan ljuda vet jag att det är höst och att vintern närmar sig. Den förbereder sig och har kommit ut ur de djupa skogarna för att samla in mat och föra fram sitt budskap. Nu är det dags att se om sitt hus, nu är det dags för eftertänksamhet, gå ner i varv. Det är dags för att tända ett varmt ljus och reflektera över sommaren som gick och hur jag skall gå vidare.

Men det handlar inte bara om djuren som ger budskap utan allt som finns i naturen ger mig svar på frågor jag ställer. När jag har olika möjligheter, olika vägval ber jag om råd. Shamanism handlar mycket om att fråga och att vara lyhörd för de budskap man får. Man behöver inte ens fråga eller be utan många gånger får man sådant man har behov av utan att ens vara medveten om det. Shamanismen finns överallt och är nära. Det spelar ingen roll om jag hör bilarna eller människorna eller hundarnas skall, jag går ändå på den shamanismiska stigen fast det är asfalt under mina fötter.

Shamanismen i vardagen handlar om vad och hur jag äter. Hur jag sover och gör vardagliga ting. Shamanism i vardagen innebär att alltid ha tillgång till livets bok utan något slut. Det är hur jag lever i vardagen. Mina val och hur jag är gentemot min omgivning. Hur jag behandlar allt levande men också det som är dött. Shamanismen innebär att man är nyfiken, lyhörd och inte ha förutfattade meningar eller sanningar. Shamanism sättet att leva i min vardag är mer verklig än den så kallade verklighet som människor tror sig leva i. Det finns så mycket mer i verkligheten som de flesta inte uppfattar.

Jag gick två kurser om "Shamanism i vardagen med Jaana Kouri. Hon var också med då jag tillverkade min trumma i Estland. Kursen om shamanism i vardagen, gick jag i slutet av 2008 och den andra ett halvår senare, alltså 2009.

Den första kursens nyckelord var *"att hjälpa"* Vi skulle vara mottagliga och vara öppen för den andra verkligheten. Första övningen var att hämta ett kraftdjur till sin partner. Vi bytte partners för varje övning så att alla fick jobba med alla. Det är ett bra att sätt lära känna gruppens medlemmar men också för att man jobbar med olika personligheter så händer det olika fenomen. Att hämta ett kraftdjur är väldigt vanligt och förekommer ofta på shamanism kurser. Det är kraftdjuren som leder oss i den andra verkligheten och skyddar oss. De har också uppgift att föra oss tillbaka till den ordinära verkligheten.

Kursen handlade alltså om shamanismen i vardagen och vi fick till uppgift att ställa 5 frågor som just handlade om vår vardag. Sådant vi hade problem med eller ville få hjälp med.

Jag hade ju fått det helande ordet Zaana som jag ännu inte visste innebörden av. Det ville jag först och främst fråga om. Sedan hade jag en fråga om den "Befriande dansen", de 5 rytmerna av Gabriella Roth, var skulle jag ha den. Även en arbetssituationsfråga hade jag.

Mitt arbete som förskollärare har alltid varit min vision om en bättre värld, att kunna förändra barns möjligheter att få utvecklas med den potential som de äger. Men jobbet tog på mina krafter för alla delade inte min vision och det jag ville åstadkomma fick jag fixa själv mer eller mindre. Det har varit många arbetskamrater som har påpekat under åren att jag lägger alldeles för mycket tid och engagemang på mitt arbete. Jag ville gå vidare och hitta en arbetsplats där jag kunde använda all min kunskap. Jag hade gjort min pro gradu 2007 och var pedagogik magister och ville kunna använda den kunskapen på ett bättre sätt än det var möjligt för tillfället. Sedan ville jag arbeta färre timmar och få mer tid till annat. (Måste redan nu säga här att denna önskan blev verklig året där på)

Sedan hade jag mer personliga frågor. Min kropp kändes tudelad. Min högra och vänstra halvor upplevdes väldigt olika. Jag ville få mer harmoni mellan dessa och bli mer hel. Jag hade även en förfrågan om mitt samliv med min man. Hur skulle det kunna utvecklas till ett bättre förhållande.

Ja shamanism i vardagen handlar mycket om vardagliga, nära ting som känns som grus i maskineriet. Vardagen som inte flyter, utan känns hackig och betungande. Många tänker att det är något konstigt, magiskt och svår hanterligt. Men shamanism innebär något helt annat.

Vi skulle uppmärksamma våra drömmar och skriva ner vad som hände i dem. När man sover och drömmer öppnar man vägen till det omedvetna och får då kontakt med sitt "sanna jag". Detta *sanna jag* har kontakt med det kollektiva medvetande som Jung har berättat om. Alltså då man beaktar drömmarna får man svar på de frågor man ställer, man får tillgång till en enorm kunskapsbank.

Nu skulle vi gå vidare med en av frågeställningarna. Kraftdjuret skulle vara med då vi valde ut den. Jag hade fått Svanen som kraftdjur och en av frågorna jag hade ställt var "Hur kan jag lära mig prata, få större ordförråd och skriva på finska?" Så det blev naturligt att välja den frågan att jobba vidare med. Jag hade ju också fått till uppdrag att skriva ner Finlands blodiga historia på berättarkursen med Jaana redan 2006 men ännu hade jag inte börjat med att fullgöra den uppgiften. Jag hade svårt att både uttala och skriva finska fast att det var mitt modersmål. Jag hade tappat det språk som jag hade kommunicerat med min mamma. Mitt modersmål var inte korrekt finska utan mer någon slags rotvälska med egna uttryck och det var bara vi som egentligen förstod vårt sätt att kommunicera.

Jag fick klara, konkreta svar vad jag skulle göra

åt saken. Jag skulle gå tillbaka till min barndom, aktivera gamla minnen, gener som finns i min hjärna. Jag skulle bli ännu mer ödmjuk, bli liten. Jag skulle släppa all onödig kontroll, ansvar för andra, min familj. Jag skulle ta fram den enda boken jag hade på finska som min mamma hade läst till mig. Jag hade överhuvudtaget inte många böcker från min barndom. Jag skulle läsa och skriva på finska varje dag, åtminstone en mening. Det rådet har jag följt och min stavning på finska har blivit bättre. Men ännu har jag inte kommit till skott och börjat skriva "De blodiga historierna".

Att få svar på min ställda fråga gick mycket fort och trumningen fortsatte så jag funderade på Zaana energin och vad den innebär. Även denna fråga fick jag ett snabbt svar *"Det är ännu inte tid för det!"*

Efter denna trumresa hade vi powerdans med våra kraftdjur. Eftersom man inom shamanismen ska fråga, fråga och fråga, ställde jag ännu en gång om Zaana energin. Jag hade fått veta redan på berättarstigens kurs att det var ett läkande ord. Men nu frågade jag *"Var finns Zaana?"*

Nu efteråt då jag skriver denna bok vet jag var Saana finns och har varit där 3 gånger. Men fortfarande undrar jag varifrån fick jag begreppet från början och hur jag hamnade i Kilpisjärvi och fick uppleva "Valo Saanalla". Det är så många sammanträffande såsom Deepak Chopra beskriver i sin bok: "Att välja glädjen" .Det som kommer till mig får mig att verkligen fundera på livet jag lever.

Shamanism i vardagen handlar om att sköta sin hälsa och kanske att man har ont i knäet eller har huvudvärk. Istället för att ta smärtlindrande preparat kan man göra en trumresa och göra en diagnos. Man kan göra en trumresa till tunneln som alla shamaner har. På kursen gjorde vi en resa för vår partner för att se hur dens tunnel såg ut. Varje shaman har en egen tunnel och den är personlig. Det är egentligen ingen som berättar hur deras tunnlar ser ut. Då man gör en tunnelrenare för varandra färdas man egentligen till sin egen tunnel och ser där hur partnerns tunnel ser ut. Det är väldigt sällan någon berättar om sin tunnel. Själv är jag väldigt öppen och berättar om min tunnel och grottan med alla rummen. Det är ju så att ingen annan kan komma till min tunnel eller färdas där eftersom den är så personlig. Alla andra skulle gå vilse i min undervärld och aldrig hitta ut. Men jag tror att det är viktigt att man öppnar den shamaniska världen och berättar mer personligt om den. Det är ju mycket möjligt att de flesta inte kan se så klart i undervärlden. För mig har det tagit lång tid för att lära känna rummen och platserna. Ännu har jag inte varit överallt och vet att det finns fler ställen för mig att få kunskap om. Detta gäller även den övre världen. Jag är övertygad om att man får vetskap om det som man behöver. Kunskap och insikt ger mycket makt som lätt kan förblinda och det är bättre att man behåller sin ödmjukhet och tar ett steg i taget. Allt man får veta är det man måste ha för att tjäna omvärlden. All kunskap är till för detta! Då man använder den energin på ett felaktigt, slår den tillbaka på utövaren, så det är bäst att man har helt klart för sig hur och till vad man använder kunskapen.

Jag minns hur svårt det var i början på min shamanismiska väg att färdas i undervärlden. Att hitta min ingång och min tunnel. Jag hade många olika ingångar och emellanåt fanns den inne i mig själv. Nu gick det mycket lättare och vi gjorde tunnelrenare för varandra.

Nästa övning var soul retrieval som innebär att man hämta tillbaka en del av sin själ som kommit bort. Vi har alla varit med om något trauma i vårt liv och då händer det att man tappar bort en bit av sin själ som man kan hämta tillbaka med denna djupgående behandling. Men jag kommer att ägna ett helt kapitel om soul retrieval så jag återkommer med att berätta om detta då.

På kursen kom jag hela tiden tillbaka till att fråga om Zaana energin och jag fick samma svar: *"Det är inte tid för det ännu. Du skall avsluta gamla uppgifter först"*. Jag fick rådet att använda Panthera, mitt nya kraftdjur. Jag träffade honom vid min strand där jag brukade sitta på en sten. Bredvid stranden börjar djungeln. Dit förde Panthera mig flera gånger. Jag hade en fråga med mig då jag färdades i djungeln med mitt kraftdjur. Den lät: *Hur blir jag en hel människa. Hur får jag mina båda kroppshalvor mer i balans.* Nu kändes de på olika nivåer.

I min vardag kände jag mig väldigt kluven med

att leva i olika världar. Jag hade en familj, arbetade som förskollärare i den s.k. ordinära världen och så hade jag den shamanismiska världen, den icke ordinära världen som kändes väldigt nära. Jag ville verkligen få en balans mellan dessa världen och tänkte att min kropp är också i obalans eftersom dessa två världar ännu inte hade kommit i balans.

Panthera och jag färdades in i djungeln och vi kom fram till inkapalats. Vi gick upp för en massa trappor och kom upp. Där uppe fanns en eld. Jag kastade något på elden så att en massa gnistor flög runt omkring. Jag grät och kände en enorm befrielse. Elden gav mig healing och solen var mycket nära.

På kursen hade jag också fått till uppgift att skriva om shamanismiska värld och det gör jag nu mycket senare!

På hösten **2009** var jag åter i Åbo för en kurs hos Jaana. Temat var detsamma **"Shamanismen i vardagen"**. Skillnaden var att jag hade nya frågor och det var andra kursdeltagare. Frågorna jag hade ställt på förra kursen ett halvår tidigare hade jag fått svar på. Jag hade börjat gå hos en kinesisk läkare som både gjorde akupunktur och andra behandlingar som hjälpte mig att känna mina båda kroppshalvor och balansera dem. Jag hade fått ett nytt arbete som jag kunde förverkliga mina kunskaper inom pedagogiken så åtminstone två av mina frågeställningar hade inom ett halvår förverkligast.

Nya frågeställningar var hur jag skulle kunna få ett bättre lugn i min var dag, kunna mer leva i medveten närvaro. Jag hade börjat studera detta för mitt nya arbete krävde mycket mer av mitt engagemang och jag behövde hjälp med att hitta balans för min tidsanvändning. Jag ville också få energi och våga leva i min shamanism, kunna utgå ifrån den, lita på att vingarna bär, att kunna ha förtröstan, tillit till denna världen. Jag hade fortfarande kvar en hel del rädslor som handlade om jag verkligen duger. Denna känsla var inte enbart riktat mot shamanismen utan också mot mitt nya arbete. Jag ville få hjälp med att kunna släppa överdrivna förväntningar på mitt arbete och min yrkesroll. En annan fråga som jag ställde var hur jag kan ge mer plats för mitt kraftdjur Panthera i min tillvaro - i min vardag. Panthera hade bett att få komma med.

Vi började med att göra tunnelrenare för varandra. Min partner berättade att i min tunnel fanns det mycket vatten och vassa mjölktänder som låg på marken. Vattnet skulle finnas kvar men de vassa mjölktänder skulle städas bort. Där fanns också armar och ben som hon satte i en påse med tänderna.

Intressant är att förra gången med samma tema kurs, gjorde vi samma övning och även då såg den partnern samma saker. Vatten, en massa vassa pelare som han högg bort. Han tog också bort vattnet. Då började en björk att växa och han såg en vägskylt med 4 riktningar. I boken "Drömmar A-Ö lexikon av Maria Ulander betyder vatten alltings ursprung, den kvinnliga principen och förutsättning för liv. Det fanns fler detaljer i övningen som jag fortfarande inte vet betydelsen på.

Vi gjorde en trumresa till den övre världen för att be om råd om "tid". Jag fick bland annat rådet: "Allt har sin tid -sin sträcka -att utföra, att slutföra, från en punkt till nästa punkt. Jag fick också rådet att lämna det gamla bakom mig. Gå vidare!

Fick insikten om hur jag själv sätter upp olika förväntningar på min vardag, vad jag skall hinna med, från en punkt till en annan. Uppenbart var att alla de förväntningarna jag hade satt upp inte fanns någon möjlighet att genomföras inom den tidsram jag hade satt upp. Från en punkt till en annan. Det kändes som om jag försökte plocka päron från ett äppelträd. Jag fick också insikten om att tid egentligen inte existerar den är oändlig. Den har egentligen ingen början och inget slut. Den bara är, här och nu.

Jag fick väldigt klara och konkreta råd hur jag skulle göra i min vardag med alla mina förväntningar och även för de andra frågeställningar jag hade ställt upp. Den här gången handlade det mycket om att leva som shaman i min vardag, att acceptera det som det innebär. Jag fick konkreta råd om vilka redskap, hjälpmedel som skulle hjälpa mig att uppnå mina mål.

Under den långa trum sessionen blev jag väldigt mycket "Fjäder indianen" som är en av mina guider som hjälper mig med min kroppshållning och vilken riktning, vilken väg, jag ska välja för att kommer fram på min shamaniska väg. Under trumningen förvandlades jag och jag fick en ny gestalt, jag blev en ny Lillu. Jag fick verkligen tydliga råd hur jag skulle förehålla mig gentemot mina familjemedlemmar, hur jag skulle vara på jobbet. Jag fick fina råd hur jag skulle bygga upp min arbetsdag och få en lugn och harmonisk atmosfär.

Nästa resa på kursen handlade om känslorna "skam och rädsla". Dessa känslor bär vi alla på mer eller mindre. Jag hade också känt skam och rädslor för min shamaniska väg. Det var ju helt annorlunda än hur de flesta levde sina liv. Även inom shamanismen fanns denna skam och rädsla för att stå upp för sin övertygelse.

Den här gången skulle vi göra en mellanvärlds resa och ta med vår skramla och gå ut i trädgården. Vi skulle ta reda på vilken fråga man skulle ställa till nästa. Min fråga blev:

Hur får jag en sådan kraft så att jag kan gå mjukt på jorden med självrespekt och respekt för andra, få rum till mig själv och min uppgift och även kunna ge rum till andra?

Oftast då man känner rädsla och skam och känner sig mindervärdig försvarar man sig. Jag har en tendens att både försvara, förklara, förminska då jag känner mig pressad eller orättvis behandlad. Blir jag anklagad för något jag anser inte "hör till mig" känner jag mig orättvis behandlad och då går jag i motattack.

Under kursens gång kom det tydligt fram att jag kände en rädsla för uppgörelse, uppbrott. En rädsla för att jag måste lämna min familj men samtidigt såg jag hur min familj var mina lärare. Jag blev tvungen att bli självständig och göra om min vardag så att min shamanismiska värld får större plats och så att jag kan utöva den utan skam och rädslor.

Kursen fortsatte med att vi ställde viktiga frågor om den shamaniska vardagen och hur vi skulle kunna upprätthålla den. Min nästa fråga löd:

Vad kan jag göra för att ha bättre kontakt med den andra världen så att jag kan upprätthålla kraften i mig, så att jag kan känna kärleken strömma igenom mig, varje dag? I vilka situationer behöver jag mest kraft?

I min frågeställning kom det tydligast fram min oro för min familj och att jag även behövde mycket kraft i mitt arbete.

Under trumningen fick jag åter igen konkreta svar, många olika råd vad jag skulle kunna göra. Vilka ceremonier jag skulle göra. Jag fick tom råd om hur jag skulle inreda både mitt hem och min arbetsplats men främsta rådet jag fick var att jag skulle "ta min plats" och besitta den. Jag skulle ut i naturen och där ta kontakt med den andra sidan. Jag skulle lyssna ordentligt och ta kontakt med det som fanns runt omkring mig i min vardag. Jag skulle släppa det gamla, egot och handlingsmönster.

Nästa fråga som jag ställde:

Vad är min uppgift i denna världen? Vad är min

roll? Vad skall jag göra? Vad är mitt nästa steg?
Denna resa var annorlunda! Mitt kraftdjur Lejonet, som jag hade trott hade lämnat mig för att han ville vidare kom tillbaka! Nu var han silverfärgad, vit och även Örnen hade blivit silverfärgad. De var båda lysande. De förde mig till en kristall sal med en trappa och en tron. Det satt någon på tronen. Svaren jag fick var att jag skulle leda, predika, bota, hjälpa människor och djur efter döden vidare, beskriva andevärlden, skriva och berätta om den.

Fjäder indianen var också med och han blev mitt kraftdjur Panthera. I vanliga fall står Fjäder indianen lutad vid vägskylten som jag såg på en trumresa. Jag vet ännu inte vad det står på den eller till vad pilen leder till. Panthera uppmanar mig att gå vidare - lämna gamla ego-Lillu besitta min nya roll genom att skala av mina gamla roller, fördömaren, en som tar över andras liv. Den som lever upp till andras förväntningar.

Kristallsalen var en ny plats för mig och som jag kommer att åka till många gånger i framtiden. Men det visste jag inget om i det här läget.

Korpens dans. Mötet med döden

*Många människor är mycket rädda för döden.
De vill inte kännas vid den, att döden är samma
sak som livet, att de båda är på samma mynt. Det
finns alltid en motsats till allt. Det är naturens
sätt att hålla balans så livets andra sida är
döden. Om människan kan se detta faktum
kanske hon lever mer och njuter av det hon har.*

Jag satt på tåget till Kitee och var på väg till en
kurs som handlade om döden. Ledaren för kursen
var Christiana Harle som var en av mina lärare då
jag gjorde min Björn trumma och hon hade som
hjälp Jaana Kouri. I min hand hade jag en ny
anteckningsbok. Jag har alltid skrivit ner det jag
har erfarit på kurser, träffar, utbildningar och de
tankar jag får. Det skrivna ordet har alltid varit
viktigt för mig. I min nya anteckningsbok stod
det: *"Gör just den här stunden till den mest
underbara stunden i ditt liv"* året var **2008**.
Redan på tåget till kursen började jag skriva. Jag
ritade ett träd med alla mina guider, hjälpare,
kraftdjur och de olika platser som jag hade varit
på under olika trumresor. Jag ville klarlägga
dessa bättre och se var de befanns sig och om det
fattades någon eller något. Under kursen skulle
jag fylla i när det kom fram något nytt eller om
jag på något annat sätt fick en ny kunskap. Trädet
som är världsträdet har rötter och en krona och
alla världar finns representerade i det. Kronan,
grenarna sträcker sig upp till himlen och där finns

den övre världen, stammen är mellan världen och rötterna representerar den undre världen.

På kursen fick vi till uppgift att göra en egen mandala. En mandala är från början en hinduisk och buddhistisk symbol för universum som används för att nå den andliga världen. Ordet mandala kommer från ett sanskritord för cirkel. Grundformen i de flesta mandalor består aven kvadrat med fyra öppningar inom en cirkel eller runt en cirkel. Men en mandala behöver inte vara rund utan kan ha olika former inuti, liksom djur och blommor. Mitt träd som jag ritade på tåget till kursen är också en mandala, ett sätt att kartlägga helheten av all den kunskap jag hade just då.

Vi skulle göra vår egen mandala för att fokusera på det kursen skulle handla om och få ett andligt undervisningsverktyg. Mandala i allmänhet används också för att skapa ett heligt utrymme och en hjälp vid meditation och förändring av medvetandetillstånd. Detta skulle också bli vårt verktyg för att skapa ett tryggt och heligt utrymme, då vi koncentrerade på kursen olika uppgifter.

Vi behövde mandalan för att kartlägga begreppet döden. Vad den innebär, då vi väntar på den, vid dödsögonblicket och vad som händer efter döden. Mandala är ett mikrokosmos av vårt universum och den ursprungliga formen är en cirkel. Det är en port till kosmos och ett sätt att skönja helheten.

Kursens namn hette "Korpens dans". Korpen är

en viktig symbol, en central figur i den andra verkligheten. Den kan vistas både i andevärlden och i denna verkligheten. Den för med sig hälsningar från den andra sidan till oss i vår vardag.

Solöga (Carina Högman) skriver i sin bok "Djurens språk" *att korpen hjälper oss att ta bort de gränser som vi tror existerar och som man anser utgör något slags hinder. Med hjälp av korpen är man ett med naturen, hela världen och det innebär att hela världen är tillgänglig för oss.*

Korpen var närvarande då jag gjorde min trumma och kommer då och då och hälsar på mig var jag än befinner mig. För mig betyder korpen en hälsning från den andra världen och en hjälp vid transformation.

Vår första uppgift var att få en lärare som ger oss en mandala som vi kan använda när vi arbetar med döden för oss själv och andra.

Jag började min resa med att flyga med Örnen upp till Turkosa modern. Där fanns ljuset, healingen som jag tog emot. Sedan bar det iväg, långt bort, bortom Turkosa modern som blev mindre och mindre. Allt vändes upp och ner och vi flög längre och längre upp, stjärnorna försvann och vi flög in i ett svart hål. Sedan vändes allt igen och vi färdades mycket fort neråt. Vi kom till min grotta och där fanns ett vildsvin som väntade. Jag hade fått ett nytt kraftdjur!

Vildsvin är ett bra kraftdjur då man jobbar med döden. Den hittar bra i tunnlarna i min grotta och kan vägen till dödsriket. I dödsriket finns det själar som fortfarande trampar runt utan att kunna gå vidare. Jag hade mitt svärd och min trumma med mig. Men istället för att svänga in till utrymmet där dödsriket finns svängde vi till ett annat håll. Vi kom till en öppning där tunneln tog slut. Ett helt nytt landskap uppenbarades för mig. Det var otroligt vackert som jag inte kunde måla eller rita men finns inetsat i min hjärna. Där fanns ett skimrande, glittrande vattenfall på ena sidan av en platå. Vattnet rann långt ner och man kunde inte riktigt se var det slutade. På andra sidan av platån var det också en avgrund. På platån, som var mycket smal stod det ett träd. Där trädet växte var platån bredare. Vildsvinet kunde inte hoppa till platån för det var för långt, då kom örnen flygande och tog mig över dit. Jag fick kliva mycket försiktigt ner på den smala platån.

Detta var första resan till min mandala. Vi skulle rita vår mandala men jag lyckades inte fånga det vackra landskapet jag hade kommit till. Men teckningen skulle göras för vi skulle ha den då vi färdades tillbaka. Andra resan satt vi med vår teckning och tittade på den. Vi skulle ta med vår lärare, våra kraftdjur och vår skramla. Det var en trumresa med öppna ögon, som en slags meditation. Vårt syfte med uppgiften var att vi skulle fråga *"hur kan jag bli, vara en bra hjälpare då det handlar om begreppet döden?"*

Vi skulle ha en mycket klar uppfattning hur vi skulle ställa frågan och vi skulle vara bestämda.

Jag fann direkt min mandalas ande och kom in i

min teckning som föreställde det mest fantastiska landskap som jag aldrig förr hade sett. Örnen var med mig och jag ställde frågan om hur och vad jag skulle göra för att bli en bra hjälpare. Svaret jag fick var att jag skulle vara ödmjuk, lyssna och vara närvarande. Jag skulle leda klienten på det smala språnget med avgrunder på båda sidorna. På den ena sida forsade det vatten men jag visste inte vid det här läget vad det fanns i den andra avgrunden. Det blev också bekräftat att vildsvinet är mitt kraftdjur då jag arbetar med begreppet döden. Läraren på kursen, sa att vildsvinet är ett utmärkt kraftdjur vid dödsögonblicket.

Döden är ett begrepp som många räds för. Vi skall ju alla dö men många vill inte konfronteras med detta. ("Alla vill till himmel men ingen vill dö" Timbuktu.)

De undviker att tala om det och då någon anhörig dör vill de inte se eller sköta om kroppen. Det får sjukhuspersonal och begravningspersonal göra. Förr tiden hade man ett annat förfaringssätt i västerlandet. Man hade öppna kistor och nära och kära tog ett sista farväl av den döde. Man hade en tillställning efteråt där man talade om den döde, vilka minnen man hade och många gjorde det till en riktig glädjefest. Man hade denna ceremoni i tre dagar och åt och drack "varandra till" Döden är kulturbetingad och i olika kulturer behandlar man den olika och i vårt samhälle har döden blivit tabubelagt. Så är det inte överallt. I många kulturer fortsätter man den gamla ritualen med olika ceremonier för att hedra den döde och säga ett sista farväl.

Jag har mött döden redan då jag var ung. Jag föddes död och fick ligga i en kuvös för att överleva. Jag har säkert något slags minne av detta lagrat i min hjärna. Min farbrors fru dog i cancer när jag var i 10 års ålder. Hon låg på sjukhus och hade gjort det en tid men då dödsögonblicket kom sa jag *"att nu händer det något med Asta"*. Då min mamma tog självmord fick jag besked från den andra sidan. Jag arbetade just då på ett sjukhus men fick något slags budskap att åka hem till mitt barndomshem. Jag hade flyttat hemifrån många år innan detta. Nu hade jag en sådan intensiv känsla att jag måste åka till min mamma. Innan jag öppnade dörren så visste jag intuitivt att mamma var död. Jag minns än idag hur jag parkerade bilen på en plats som man inte fick. Jag kommer ihåg hur jag gick till trappuppgången, hur jag gick upp för trapporna, satte nyckeln i låset, hur jag fann min mamma. Allt detta hände för länge sedan men allt lyser klart i min hjärna. Min mamma tog självmord 1977 och jag var 20 år gammal. Det var givetvis en chock och blev till ett trauma. Jag var helt ensam med vetskapen om att mamma var död eftersom den övriga familjen var bortrest. Det fanns ingen möjlighet att få kontakt med dem. Att bära på denna vetskap och inte kunna dela den med någon annan var verkligen betungande. De andra kom hem först på kvällen och detta hände mitt på dagen.

När min pappa dog var jag hos honom. Han var

inlagd på ett sjukhus som kallades för "sista hållplatsen" och väntade där på döden. Jag ville vara hos honom då hans sista stund var kommen för att vara med honom vid dödsögonblicket. Jag fick flyga många gånger från Helsingfors för att vara där. Men när jag kom till honom så började han "leva" igen. Till slut sa överläkaren att jag måste säga till pappa att han får nu dö, att han kan lämna mig, att jag klarar mig bra. För läkaren sa att när jag kom så kunde han inte släppa livets tråd för han tänkte att jag behövde honom. Jag fick säga till honom att han måste nu dö och att han får på sig kostymen han hade då jag gifte mig. Han skulle också få frontmärket med sig som han hade fått av finska presidenten för sin insatts i andra världskriget. Han hade flytt från Estland som ung yngling och hamnade som kanonmat vid fronten. Efteråt har jag tänkt på att det var jag som höll fast honom, att det var jag som inte ville släppa taget. Jag kände en väldig ilska för att han lämnade mig och denna värld. Den ilskan fick jag konfronteras med vid olika tillfällen, bland annat på den andra kursen om döden som jag gick senare. Nu fick jag bära ilskan med mig och sorgen efter min pappa.

Vid dessa tillfällen hade jag inte börjat gå den shamaniska vägen.. Men jag var inte rädd för döden och den kändes inte alls främmande. Jag hade också varit med på min farmors begravning i Estland, där man hade en öppen kista och det var fest.

Nu på kursen skulle vi göra en trumresa där vi

skulle vara med om vårt eget dödsögonblick och se vad som händer efter döden. Vi jobbade i par där den ena reste och den andra var "ankaret". Ankaret skulle se till att vi inte blir kvar i dödens rum utan dra oss tillbaka till denna världen med hjälp av ankaret som var en skarf. Vi fick också berätta för vår partner varför det var viktigt att komma tillbaka till den här verkligheten. För en shaman är döden en befrielse och det är lätt hänt att hon vill stanna kvar på den andra sidan. Jag ville komma tillbaka för att jag ännu inte hade fullgjort min uppgift här på jorden.

Frågan löd: Vad händer ifrån det ögonblick då jag dör och vad händer därefter. Kraftdjur, guider, lärare skulle leda oss på vår färd och de skulle också beskydda oss. Min björn kom till mig och han bar upp mig till den Vita hövdingen, jag var fastbunden på björnens rygg. Med mig hade jag alla mina shamaniska gåvor, föremål som jag hade fått under årens lopp. Vägen gick upp för ett berg och Örnen flög med oss. Hela himlen var full av fåglar och sång och musik. Det var ett mäktigt begravningsfölje! Vita hövdingen sjöng med sin grova stämma och jag med min ljusare röst. Det var en orkester som spelade begravningsmusik. Det var en fantastisk upplevelse och jag njöt och kände mig trygg och varm inombords.

Men då förstod jag med ens! Detta var ju den sista biten, den lättaste -befrielsen. Jag fick gå tillbaka! Jag kom till min grotta, i en av öppningarna fanns altaret med ljusstakarna men det är just därifrån den öppningen man kommer till berget. Jag gick till min mandala, till det smala språnget. Där vattenfallet är på den ena sidan och på den andra sidan en outforskad avgrund. Jag var otålig och ville hinna komma till den sista biten, till glamouren, till sång och musik, till hyllningen så jag slängde mig ner från platån till det okända. Jag glömde helt bort att man aldrig skulle färdas ensam, att man skulle åtminstone ha med sig ett kraftdjur. Så jag fick återvända mitt i språnget till platån och invänta mitt vildsvin. Sedan kunde vi hoppa tillsammans. Jag märkte att det gick alldeles för fort så vildsvinet fick vingar. Hemma har jag en målning av en rosa gris med vingar som jag har fått mycket senare. Vildsvinet och jag ramlade djupt, mycket djupt ner och vi kom till min grotta. Vi kom till ett av rummen som representerade dödsriket. Nu hade jag både trumman och svärdet med. Min orm satt runt midjan med huvudet lyft och på mitt huvud satt en stor spindel. Jag var bra rustad för att möta de irrande själarna i dödsriket. Vi kom till en eld och där stod en smed, eldens väktare. Det var inte min guide som också är smed utan en ny bekantskap. Eldens väktare var inte leende som min danske smed utan han vaktade skärselden mycket bestämt och värdigt.

Vid dödsögonblicket färdas vi till dödsriket. Sedan kommer vi till skärselden om vi har fullgjort det man skall göra innan dess. Vi genomlever elden och transformeras och går vidare till altaret och sedan färdas man till himmelriket med sång och musik.

Denna procedur går en människa igenom om den har levt sitt liv med ärlighet och varit medveten om allt den har åstadkommit. Dödsögonblicket kan dröja såsom för min pappa pga. olika omständigheter. Dödsångest kommer till en människa som inte är helt färdig med sitt levande liv. Kanske har den gjort handlingar som måste komma fram i ljuset. Kanske måste individen be om förlåtelse eller själv ge förlåtelse. De människor som inte har möjlighet att ta steg för steg till himmelriket irrar omkring i dödsriket. Dessa irrande själar kan börja spöka eller ta över en levande personlighet. Dessa själar är inte redo för att gå vidare, de har något kvar att göra.

En arbetsuppgift som shamanen har är att hjälpa dessa själar att gå vidare. Då gör shamanen en resa för denna person och frågar om det är något den kan göra. Shamanens arbete är också att vara närvarande då någon ligger för döden. Då håller shamanen personen sällskap och frågar om det finns något som skall göras. Kanske finns det något ouppklarat t.ex. ett gräl som aldrig blev uppklarat. Kanske vill den be om förlåtelse eller ha ett speciellt arrangemang kring dödsögonblicket och begravningen. Shamanen är närvarande vid dödsögonblicket och hjälper den döende att färdas vidare. Under denna färd kan det finnas behov av en shaman som kan vara ett stöd vid t.ex. skärselden.

Jag har gjort ett flertal resor för släktingar och nära personer och frågat om det är något jag kan göra som shaman för dem, så att de kan gå vidare. Jag har också fått uppgifter att utföra och det har jag gjort.

Nästa uppgift på kursen var att spåra, möta en själ som vi ville träffa och fråga något som inte var uppklarat eller/och hjälpa själen att gå vidare. Om man inte träffar en persons själ som man söker har den gått vidare och behöver inte hjälp. Vi jobbade i par där både gjorde samma resa. Denna gången skulle partner följa själen som den andre hade spårat. Jag ville spåra min mammas själ. Hon hade ju gjort självmord och enligt det som kom fram på kursen är de intryckta i ett hörn och kan inte gå vidare. Vet inte om det gäller de som gör eutanasi och åker t.ex. till Schweiz för att få dö eftersom de har en allvarlig sjukdom eller har helt enkelt levt tillräckligt i detta livet.

De som gör självmord av andra orsaker för att de inte längre orkar konfronteras med sin vardag blir däremot nog fast här och kan inte gå vidare. De är fast i sig själva och är närvarande i detta livet genom någon levande. De är självcentrerade och har inte någon intention att vilja gå vidare. Så var det för min mamma. Hon var fast i mig och jag lät henne finnas med mig. Jag hade ju också låtit henne leva genom mig under min barndom. Jag hade burit henne genom vardagen, genom livet.

Vi skulle börja att följa själen vid dödsögonblicket. På min resa kom jag till det skeendet då min mamma drack och drack. I det verkliga livet hade hon haft en period av alkohol drickande men hade haft en nykter dag för att få följa med på en resa med resten av familjen. Jag följde inte med utan jag jobbade på ett sjukhus just då. På min trumresa satte jag mig och mitt Lejon på hennes sängkant. Mamma dog och hennes själ irrade runt i rummet. Då jag hade hittat henne död i verkligheten då förnimmande jag detta och jag kände hur den följde mig överallt. Jag upplevde hur den grabbade tag i mig och fanns med mig som en tung sten i många år. Jag gick i terapi och det hjälpte en del men inte helt.

Nu skulle jag få möjlighet att hjälpa min mamma vidare och bli själv helt fri. Det var en underbar känsla. Under denna resa fick jag vetskap om att en del av mammas själ tog pappa med sig då han dog. Nu skulle jag hjälpa henne till skärselden och till dödsriket. Vi kom till skärselden och där stod väktaren men elden brann inte. Mamma och jag krympte men väktaren växte enormt. Jag satte mamma i en stol vid eldstaden och märkte att hon hade långa trådar till mina systrar. Jag bad henne att gå över och sa till henne att hon var död och att hon nu måste lämna oss. Jag sa till henne att hon inte hade gjort rätt då hon levt genom mig. Att hon hade grabbat tag i mig då hon dog. Jag sa till henne att hennes bitterhet, hennes insmältning i mig är inte rätt. Att detta har åstadkommit att jag lever i första hand för andra, deras behov och önskningar. Att jag själv, mina behov, känslor och önskningar har fått gett vika.

Samtidigt när allt detta kom i ljuset såg jag hur detta hade tjänat mig, hur mycket jag hade lärt mig av detta. Min väg som shaman har just nytta av att få en sådan kunskap som jag hade fått i barndomen med alla de trauman jag hade upplevt. Jag går den sårade shamanens väg!

När jag var liten bestämde jag mig för att jag aldrig skulle bli bitter såsom min mamma. Det är som Märta Tikkanen säger i sin diktbok: *"Jag satt bredvid min mamma och höll hennes hand när hennes ljusblå blick brast. I den stunden lovade jag henne att jag aldrig skulle säga som hon: Jag har inte fått. Det jag ska säga om jag måste, är: Jag har inte gjort."*

Jag bad mamma släppa mina systrar men samtidigt insåg jag att det fanns något som var ogjort. Jag beslöt mig för att gå till min Turkosa moder för healing och tröst. Hon sa att jag skulle gå tillbaka och försöka få mamma genom skärselden. Men elden brann fortfarande inte. Då tog jag vildsvinet, ormen, spindeln, trumman och svärdet till språnget för att hoppa ner i avgrunden till dödsriket. Men trumningen tog slut så jag kunde inte göra det. Jag satte mamma i stolen vid den släckta elden. Sa till henne att hon själv skulle begrunda sitt liv och sina handlingar. Jag frågade henne också om jag skulle brännas för hennes synder. Dessa tankar tänkte mitt lilla sårade barn inom mig. Det var helt uppenbart att jag agerade inte som en shaman utan mina känslor från barndomen flöt upp till ytan.

Nästa uppgift var att vi skulle gå en shamanisk promenad med bindel för ögonen. Jag hade min stav med mig så den hjälpte mig att gå. Den här kursen var på vintern och landskapet var helt vitt med mycket snö överallt. Ljuden blev mycket starkare när man inte kunde se sig omkring. Vi hörde fåglar som flög från de snötäckta granarna och vi fick snö på oss. Men fokusen var mest inåt riktat och mamma som satt vid skärselden blev mycket centralt. Det kom fram att hon måste bli helad av Fader Indianen i undervärlden innan hon kan genomgå skärselden. Även under denna promenad kom mitt sårade barn fram som anklagade mamma för att hon inte hade tagit sitt vuxna ansvar. Utan hade istället lastat sina förväntningar, sitt levande liv på mig. Men även genom sitt självmord gett mig en börda att bära. Jag hade alltså två motstridiga känslor, uppgifter på denna kurs. Det var mitt sårade barn och alla de känslor som det bar på och så var det shamanen i mig som var här för att lära sig om begreppet döden. Det var mycket som hände i mitt inre, i mitt medvetande. För under promenaden kom det också fram mitt eget ansvar för mina känslor och att det var jag själv som hade tagit över mammas levande liv. Jag ville ju så gärna att hon skulle vara lycklig och därför blev jag clownen för att hon skulle kunna skratta. Jag fick tankar om hur jag ville leva mitt liv, vilka rädslor jag hade. Hur jag i praktiken levde mitt liv. Levde jag för andra, vågade jag släppa taget? Det finns olika slags rädslor, jag hade mina barndomsrädslor men också rädsla för att gå den shamaniska vägen. Jag har försökt att springa bort från min uppgift, att detta bara var humbug osv. Detta tvivel om den andra verkligheten, tvivlen om magin, budskapen från ande världen har varit stora och fanns samtidigt med rädslan att inte våga vara öppet shaman.

Vi gjorde en resa för att möta döden som en rådgivare. Vi skulle resa till vårt eget dödsögonblick med våra guider, hjälpare, lärare och kraftdjur. Där skulle vi sitta med döden och titta tillbaka på det liv vi hade levt och se det liv som vi levde just nu. Vi skulle blicka tillbaka utan ånger och utan att fördöma våra val vi hade gjort. Vi skulle helt enkelt bara se hur vi hade levat utan att värdera det liv vi hade levt och lever just nu. Vi jobbade i par. Den ena skulle resa och den andra skulle följa den resandets andhämtning. Den skulle också resa men med öppna ögon och se vilka bilder, känslor eller annat som kom fram genom att följa hur den som hade mötet med döden andades.

När jag började min resa ville jag först inte konfronteras med mitt liv, mina rädslor, mitt förgångna. Till slut accepterade jag och satte mig med eldens väktare där man får "syndernas förlåtelse" . Eldens väktare gav mig följande råd: *Att hjälpa andra innebär inte att jag ska ta över deras känslor, göra deras handlingar, att verkligen hjälpa andra innebär att vara närvarande och lyssna.* Jag såg mycket tydligt det mönster, den modellen jag hade anammat från min mamma, att hålla fast men ändå vilja vara fri. Jag fick uppleva känslor av äckel, avsky och fick vetskapen om att de hörde till barndomen

men att jag fortfarande bar på dem. Jag kände avsky, äckel mot spritluktande människor, jag kände en enorm ångest mot människor som levde i misär, kände på något vis skuldkänslor för att jag hade överlevt.

Känslorna av avsky, äckel var förknippat med en stor rädsla, skräcken för hur mamma skulle bete sig då hon var berusad. Samma känslor kände jag då jag träffade fulla människor i min närhet.

Eldens väktare visade mig också mina syskons svartsjukan som jag aldrig har förstått hur den hade uppstått. Främst min äldsta syster har haft sådana känslor gentemot mig för hon tycker att jag har fått det så lätt i min barndom. Där vid elden fick jag se min oförmåga att öppna mig för kärleken, för all slags positivt bemötande från andra. Hur jag hela tiden var i något slags alarmberedskap. Om det var en bra dag, en positiv stund så förväntade jag mig att något hemskt snart skulle inträffa. Jag var alltid garderad mot alla slags katastrofer. Jag fick se och uppleva alla fyllebråk från min barndom. Många traumatiska händelser som ledde till att polisen kom och att mamma blev bortförd.

Jag fick uppleva mina mörkerrädslor då jag ensam låg under täcket och var övertygad om att det fanns ett lejon under min säng. Jag fick se hur jag hade försökt värja mig från att bli shaman och detta motstånd fanns fortfarande inom mig. Jag fick uppleva med eldens väktare känslan av att vara en utomstående, utan någon gemenskap, att inte ha någon plats i gemenskapen. Eldens väktare gav mig rådet att ta min rätta plats, ta det som hör till mig, att göra min uppgift. Han sa till mig att jag skulle dansa, utveckla metoden för den Befriande dansen. Jag skulle slå till stort, våga och vara ledaren. Jag hade under en tid haft en lokal där jag hade jobbat med Gabriel Roths 5 rytmer och tagit emot andra där. Det hade inte varit någon stor succé.

Eldens väktare gav mig rådet att öppna mig för kärleken och låta den flöda utan något hinder. Sluta att vara rädd för att bli uppslukad. Han gav mig rådet att våga lita på att jag hade ett bra filter, överlevnads strategi, beskyddare som hjälper mig. Jag har lov att gå min egen takt och ta den tid det tar för att komma till mitt "eget rum".

Jag fick också en glimt av hur det var att föddas död och bli placerad i en kuvös. Jag fick vetskapen om att jag hade befunnit mig vid dödens port.

Min partner som hade suttit bredvid mig och följt min andhämtning berättade att hon kände att jag hade försökt undvika något. Något var mycket svårt och hon upplevde en sorg i mig. Sedan kom lättnaden, hon tyckte jag tog något slags beslut. Jag andades med hela kroppen, både med under och överkroppen. Hon kände att något nytt hade inträffat. Sedan blev andhämtningen snabb igen och hon uppfattade det som om jag mötte något hinder. Jag hade inte berättat min resa för henne och vad jag hade upplevt.

Vi fortsatte kursen med att kolla om det fanns något kvar att göra för dem som vi skulle hjälpa över till andra sidan. Jag hade inte ännu kunnat hjälpa mamma till den andra sidan så jag hade kvar arbete. Hon sitter fortfarande i stolen vid elden. Innan trumresa bestämde jag mig för att gå tillbaka till mitt barndomshem, Rundradiogatan. Jag ville åter igen sitta på mammas sängkant med mitt Lejon och fråga hennes själ hur jag skulle kunna hjälpa henne. Om jag får ett positivt svar tar jag med henne till platån med mitt kraftdjur och hoppar ner i avgrunden. Jag vet inte ännu hur vägen till skärselden ser ut.

Trumresa började och jag flög tillbaka till Rundradiogatan och satte mig på sängen. Men istället för att sitta så ställde jag mig upp bredvid sängen och ställde frågan om mamma behövde hjälp. Jag frågade en gång till och ställde frågan om det är något som hon ville att jag ska slutföra. Nu kunde jag sätta åt sidan mitt "inre sårade barn" och verka som shaman. Jag fick också på en gång svar på min fråga på vad jag skulle kunna göra. Mamma ville att jag skulle bränna en minnesbok från den tiden då hon umgicks med de sjömän som ankrade i Kotka där hon bodde. Hon ville på så vis få tillbaka sin värdighet och energi. Även min pappa hade skrivit i den för han var en av de män som hon träffade på restaurangen Kairo i Kotka. Hon ville också ha på sig samma klänning som hon hade haft då hon gifte sig. Vi klädde henne med klänningen, satte på henne fina skor, satte ett pärlhalsband och hennes blåa ring på hennes finger. Därefter kunde vi påbörja resan till den andra sidan.

I det skedet blev jag påmind om flickan som hittade sin mamma död, alltså jag och den sorgen som uppstod då. Men samtidigt förstod jag att det var något som inte hörde till det som hände just nu. Den sorgen skulle jag behandla i ett annat sammanhang.

Jag kunde nu skilja på det shamaniska arbetet och på min egen sorg när jag fann min mamma död. Jag märkte att när jag accepterade sorgen och lät den finnas kunde jag få healing från det arbetet som jag utförde för mamma. Detta eftersom det är inte jag som gör arbetet utan jag är en kanal från universum och då får jag också av ljuset. Jag kunde skilja på det shamaniska arbetet och mina personliga känslor. Det kändes verkligen befriande! Nu kunde jag hjälpa mamma över på andra sidan utan att bli hindrad av mitt sorgarbete.

Vi lunkade sakta upp på platån till trädet på toppen. Jag sa till min mamma att hon inte behövde vara rädd, att jag skulle vara med henne hela tiden. Det kom fram andra saker som hon ville att jag skulle göra och jag lovade att jag skulle sköta allt hon ville. Men jag sa också att hon måste gå vidare, att hon inte kunde stanna i denna verkligheten utan måste vidare till andra sidan. Vi hoppade till avgrunden, Korpen kom och mötte oss på färden. Nere fanns svarta frun, som jag kallar Korpmor. Hon hade inget ansikte, långt svart hår och lång svart klänning. Vi hade kommit till dödens väntrum. Sedan gick vi vidare till skärselden. Vid elden fick mamma först ge sig själv förlåt och sedan till oss barn men även till sin man Evald som älskade henne från den stunden han träffade henne till det sista andetaget. Jag bad henne släppa mina systrar och kontakten med detta liv och gå vidare. Jag sa att jag följer henne genom elden. När vi står i elden tar trumningen slut och samtidigt känns det att det finns fortfarande något som skall göras innan hon kan gå vidare.

Vi gjorde på kursen en övning "lilla-döden". Den övningen handlar om att kunna lämna, släppa fenomen i vårt liv för att kunna gå vidare, för att kunna växa och utvecklas. Det var ju väldigt tydligt för mig att jag hade svårt att släppa mitt inre sårade barn som jag bar inom mig. Men ett annat fenomen som många bär på, är en illusion om sitt liv och som hindrar tillväxten till den man egentligen är och se den potential som är möjlig. Det kan också vara så att man lever någon annans liv och inte har en egen identitet utan har förlorat den till någon eller något. Det är många av oss som lever våra liv med olika delpersonligheter som har formats redan från barndomen.

Lilla-döden övningen innebär att man accepterar sådant man har varit med om, trauman som man har fått , acceptera sådant som man har förlorat. Om man inte kan acceptera och gå vidare skapas skuldkänslor men också vanor, så att man slipper konfronteras med sina minnen och trauman. Det handlar inte alltid om vad man själv har upplevt utan det kan handla om att kunna acceptera andras problem eller sjukdomar. Att göra lilla-döden övningen innebär att man släpper det som hindrar en att leva livet här och just nu. Att man släpper andras bördor och tar ansvar för sitt eget liv.

Vi gjorde en resa för att ta reda på vad vi hade i vårt liv som vi inte kunde släppa, som hindrade oss från att leva vårt eget liv. Vi skulle ta reda på sådant som var färdigt och som man ändå fortfarande håller fast vid. Det som man fick som svar skulle vi göra en teckning på.

Jag fick en figur som liknade Filifjonka. Hon som finns i Mumindalen och som är ständigt rädd för katastrofer. Hon oroar sig hela tiden och för allting. Hon har två barn som hon håller fast och låter de inte få leka, att vara barn. Jag satt en stund och reflekterade över teckningen, vad Filifjonka ville berätta för mig. Det var tydligt att även jag var väldigt orolig för vad som skulle kunna hända med mina barn. Jag hade bundit fast dem vid mig såsom min mamma hade gjort med mig. Jag kände igen ett slags nedärvt mönster som jag hade tagit över från min mamma.

Vi skulle göra en ceremoni för att kunna släppa det som hindrar oss från att leva livet utan oro, utan skuld. Vi skulle skriva en dikt, ett poem som vi skulle ge till elden och låta det gå, "let go". Jag bad om hjälp hur jag skulle bli av med det nedärvda mönstret som jag hade byggt upp min mammaroll på. Jag bad om hjälp om hur jag skulle kunna förändra denna roll. Så att jag istället skulle stödja mina barn och inte ta över deras liv, deras problem, deras görande. Det kändes skönt att konkretisera min mammarolls mönster och veta hur den skulle förändras. Jag gav min teckning, min bön till elden och kände någon slags befrielse.

Denna process blev inte färdig med denna övning. Den har pågått i många år men detta var en tydlig start på hur jag ville förändra min vardag, mitt liv. Känslan av att jag själv har alla verktyg i mina händer är en underbar känsla.

Vi fortsatte att studera döden fenomen ute i naturen och fick till uppgift att hitta något som var dött. Med dessa konkreta föremål skulle vi fråga våra guider om begreppet döden. Jag fick mycket kunskap om döden och livet i denna övning. Det handlar om oändligheten, om kretsloppet, att allt och alla har sin uppgift. Vi skall alla fullfullgöra vår uppgift, att döden handlar inte om känslor, det finns inget rätt eller fel, inte heller orättvisor. Livet bara är och likaså döden. Det är en cirkelgång utan egentliga känslor. Det finns en tranformation. Något som dör, blir till något annat och går runt i ett kretslopp. Det kom fram väldigt tydligt för mig, känslolösheten, man lever det liv som är en givet, man dör och förvandlats till samma eller någon annan form och så fortsätter det ett tag.

Samtidigt som jag såg detta kretslopp skönjade jag något annat som jag kallar Nirvana. Jag fick ett poem:

Ger oss ett löfte om en framtid
En fortsättning, en ny tid
Solen stiger upp i öster och då den
går ner i väster, betyder det inte att

mörkret har segrat
En ny morgon skall alltid gry
från det som dör skapas något nytt
Tills det totala mörkret släcker allt
som finns här
och då har inget, någon, något
betydelse längre

Min lärdom efter 45 minuter som denna övning tog ute i naturen var att känslor är något man lär sig, döden i sig själv har inga känslor. Det är bara ett tillstånd som förändrats till ett annat.

Vi skulle göra en sista resa på denna kursen och jag var ju ännu inte klar med min mamma så det passade väldigt bra. På kursgården hängde en tavla som föreställde Askungen, den var broderad. Min mamma hade också sytt samma motiv med starkare färger än den som hängde på väggen här. I alla fall så hade denna tavla en viktig roll i min mammas liv som jag ännu inte hade kommit fram till vid denna tidpunkt. En flicka som sitter vid fönstret och tittar ut i grönskan. Hennes kläder är trasiga och hon längtar efter att få gå på den utanannonserade balen på slottet. Hon längtade till att få dansa att få vara med i det "levande livet" som vi alla nog har en längtan till. Att få dansa och skratta och känna glädje är gemensamt för oss alla, att få ta del av gemenskapen. Vilket pris måste vi betala för att få vara med där det händer, där det är fest? För jag tror att det finns något vi måste ge avkall på för att få vara med. Kanske handlar det om sin sanna identitet. Kanske måste vi förändra vårt jag för att kunna passa in. Askungen motivet väckte många tankar. Tankar som jag ännu inte helt vet vad de handlar om.

Jag hade mer verktyg för att göra min sista resa för att hjälpa mamma över till andra sidan. Mitt inre sårade barn hade gett sig till känna. Jag accepterade att det fanns och att jag behövde även hjälpa detta. Men nu handlade det om min mamma.

Vid stod vid elden som nu brann klart och jag frågade vad hon ville få gjort innan hon gick vidare. Jag klippte mammas band till mina systrar och fick veta att jag skulle göra en berättelse om hennes uppväxt, hennes svårigheter, hennes liv. Hon ville få med sin veckotidning, *"Me naiset"* som hon hade varit prenumerant på. Den tidningen var den enda skrift som jag hade sett henne läsa. Hon ville egentligen inte åka men jag sa att hon måste vidare, punkt slut!

Mamma och jag stod i elden, vildsvinet, spindeln och ormen fanns också där. Vi skulle vidare till Fader Indianen och vi färdades länge, länge på Vildsvinet. Vi skulle helas av Fader Indianen. Vi hade befunnit oss i elden och var helt svarta och förkolnade men Fader Indianen gav mamma sin form igen. Vi svepte in henne i ett vitt lakan och la henne på altaret i min grotta. Björnen kom och tog henne på ryggen. Vi gick upp till berget och till slut kom vi till Turkosa modern. Hon tog emot oss och min mamma förändrades till en liten söt, blond flicka. Resan till Turkosa modern tog lång tid och det hände mer än vad jag har skrivit. Jag skulle ha skrivit vid ett senare tillfälle men det blev aldrig av...

När jag kom hem från kursen tog jag itu med mitt sårade barn och de uppgifter jag hade fått från min mamma. Jag gjorde en ceremoni och där bearbetade jag mina känslor för mitt sårade barn. Jag kände att jag måste jobba med äcklet och avskyn som hade känt gentemot min mamma då hon var berusad. Hon ville att jag skulle ge förlåtelse till henne och det kunde jag göra med hela mitt hjärta. Ceremonin innefattade också att jag skulle bränna en del av hennes saker och kläder som skulle på sätt ge tillbaka hennes energi. Jag skrev också berättelsen om hennes liv som jag hade lovat. Jag brände inte hennes bröllopsklänning. Jag visste inte riktigt varför jag inte gjorde det men min intuition hindrade detta. Jag förstod senare varför, för jag behövde den på den andra kursen om döden som jag gick. Under denna kursen hade det också kommit fram betydelsen av skor. Att äga skor har inte varit en självklarhet för alla. *"Du barfota barn i livet.."* av *Ferlin* .

Detta fenomen snurrar i mitt huvud och många olika bilder kommer fram från mitt undermedvetande. Spännande!

Jag fortsatte kursen Korpens dans andra del om döden **2013**. Den handlade om våra förfäder och mödrar. Våra släktingar och det genetiska arv vi har, vår blodslinje men även om vår "spirit" linje. Kursen skulle handla om hur vi kan hela dessa och samtidigt hela Moder Jord.

Många sjukdomar och handlingsmönster är nedärvda och går från generation till generation. Från släktled till släktled såsom det står i bibeln, följer trauman med. Vi får bära släktens bördor på våra axlar om vi inte gör en rening i vår blodslinje. Många sjukdomar får sin förklaring och beteendemönster kan förstås när vi granskar vår blodslinje. Vi kan hela vår blodslinje och göra en rening och bli befriad från gamla bördor. Vi har en möjlighet att ändra handlingsmönster som ej befrämjar utveckling och börja leva vårt eget liv utifrån vårt eget Jag.

För att detta kan bli möjligt måste vi hjälpa våra anfadrar och mödrar som har fastnat, utan att kunna gå vidare till andra sidan. Dessa själar ställer till det i vår egen vardag. Med hjälp av shamanisk arbete kan man gå tillbaka i sin blodslinje och "städa", rena och hela sitt ursprung. På så vis lever du ett liv som ej är präglad av generations skam eller rädslor. Det finns många olika orsaker till att de som dör inte kan gå vidare utan stannar kvar i denna verklighet.

Shamanens arbete/uppgift är och har varit att ta hand om den döde och se till att han/hon går vidare till en annan dimension. Detta arbete har funnits mycket länge och förekommer fortfarande i många kulturer. I den religiösa världen har kyrkan tagit hand om denna uppgift men inte på samma sätt som en shaman. Shamanen vakar med släktingarna hos den döde och utför en ceremoni som hjälper den döde att gå vidare. Denna rit kan ta tre dagar eller ännu fler. Shamanen tar kontakt med den döde, skapar ett möte med den dödes själ. Berättar för personen är nu är du död och att han/hon skall gå vidare. Shamanen frågar den dödes själ om den har någon önskan innan han/hon kan gå vidare. Denna eller dessa önskningar skall uppfyllas om det är möjligt. Om inte det är möjligt att uppfylla någon önskan måste shamanen berätta detta och göra upp någon slags kompromiss.

I många traditioner får den döde på sig kläder som är viktiga, kanske smycken eller andra föremål som har varit viktiga i personens liv. Till slut måste shamanen och den dödes släktingar släppa iväg den döde. Detta låter mycket enkelt men många av oss vill inte släppa taget, vi vill ha kvar personen som har varit viktig i vårt liv. Shamanen har till uppgift att se till att alla släktingar och vänner släpper iväg den döde och låter han/hon kunna gå vidare.

Dessa ritualer har människan haft i många århundraden. Då kyrkan och begravnings firmor tog över arrangemangen kring begravningarna har människan främjat sig för döden. Vi har glömt av våra gamla traditioner och hur vi ska vörda, hedra våra förfäder/mödrar. Istället tar många avstånd från den döde och tror att allt som har hänt, ouppklarade trauman begravs också med den. De tror på så vis att de kommer undan släktens trauman och tillstånd som inte har retts upp. Inget helande sker då vi tar avstånd från vår familj och släkt. Men det sker inte heller någon rening om vi klamrar oss fast vid någon själ och inte låter den döde gå vidare. Döden upplevs kanske avlägsen men vi har alla upplevt den. Tex. då vi föddes, då vi kämpade genom moderns slida och var tvungen att börja andas själv. I det ögonblicket fanns vi nära dödens väntrum.

På kursen fick vi som första uppgift att ta reda på vem vill hjälpa oss av våra förfäder och mödrar i vårt arbete med att hela våra blodslinjer och spiritlinjer. Vi gick på en shaman promenad i mellanvärlden. Vi gick på ett led med höger hand på den framförvarandes axel. Vi skulle gå tysta och ta emot våra guider. Jag fick kontakt med min Turkosa moder, Korpen, Vildsvinet och den Vita Hövdingen. När vi kom fram till kursgården visades sig min morfar som jag aldrig hade träffat men hade sett på ett foto. Alltså skulle detta gänget hjälpa mig på denna kursen!

En uppgift vi fick var att undersöka vilket förhållande vi har med Elden. I huset där vi hade kursen brann en eld hela tiden och någon måste vakta den så den inte skulle slockna. Vi gjorde upp ett schema så alla skulle kunna göra sin uppgift. När jag satt vid elden fick jag tankar som handlade om respekt, en viss rädsla och värme. Fick en vision av hur jag satt ute med andra människor. Vi fryser och är hungriga. Vi befinner oss i skogen där vi bor. Det finns inga hus utan vi lever under bar himmel. Jag fick också minnen från min egen barndom. Både min mamma och pappa lärde mig att göra upp eld och hur man skulle just respektera den.

Vår nästa uppgift var att färdas till dödsriket och uppleva vår egen död. Förra kursen hade vi också rest dit men då för att få kontakt med dödens rådgivare. Nu skulle vi resa dit för att vara med om vår egen död. Förra kursen hade också gett mig en väg till dödsriket. Alla har sitt eget sätt att färdas och sin egen väg. Jag hade fått "Språnget" som fanns på en platå mellan två avgrunder. Landskapet var detsamma fast det hade gått 5 år sedan förra kursen. Vi hade alla väntat på fortsättningen av döden kursen och vi var väldigt ivriga att få komma iväg och få ny kunskap när den väl blev aktuell. Vi skulle be om en guide som skulle hjälpa oss där. Vi skulle också uppmärksamma hur vi kommer till dödsriket, hur det är att vistas där, göra vår uppgift men det viktigaste var nog hur vi kommer därifrån! Vi skulle också ta reda på vart vi går efter dödsriket. Vi jobbade i par och vi fick berätta för varandra varför vi ville komma tillbaka.

När resan började kom jag till "Språnget". Då jag hjälpte min mamma på kursen 2008 hoppade vi till höger om språnget. Då kom vi till skärselden och till min guide Fader Indianen. Vi två hjälpte min mamma att gå vidare.

Nu när jag kom till samma platå gick jag istället till vänster. Där fanns en ny guide, "Buffelindianen" som sitter på en vit häst. Trumresa börjar och jag tar tag i svansen på hästen. Vi börjar gå uppför "Berget", samma berg som jag har gått upp på och fört de som jag har hjälpt över till andra sidan. Den här processen är den sista biten innan himmelriket. Jag har med mig min trumma och staven har jag i min hand. Efter ett tag får jag vetskap om att släppa alla attiraljer. Jag måste släppa mina kläder, mina olika identiteter. Vi befinner oss mycket länge i en dimma, i ett mörker. Jag håller fortfarande i hästens svans. Till slut kommer jag till Kristallsalen där det finns många olika rum såsom i den undre världen, i min grotta. Jag går förbi Kristallgudinnans tron och går fram till en tunnel. I den har jag varit i förut. Nu har jag ingen kropp, jag är enbart stoft, ingen identitet. Jag går in i tunneln, alla dunfjädrarna flyger runt för varje steg jag tar. Längst fram i tunneln syns den blåa himlen och i tunneln finns Ljuset. Jag kommer ut till ett grönskande landskap och där möter mig Panthera. Växligheten liknar det som finns i en djungel och här upplever jag transformering. Panthera för mig till stranden och havet, här har jag suttit på en sten förut. Jag dyker ner i vattnet till en ny tillvaro. Där i bottnen finns det ett hål som jag går in i. I detta hål skapas jag på nytt och får en ny identitet. Cirkeln är sluten och så fortsätter min tillvaro.

För att kunna gå till sina blodslinjer och träffa sina anfadrar/mödrar måste man ha ett "rent hjärta". Vi har inte rätt att döma deras val i livet och det som finns i dina blodslinjer finns hos dig själv. Du kan rena och hela det som finns där men du kan aldrig göra om handlingarna. Det som människor har gjort i dina släktled kommer alltid att finnas där! De anfadrar/mödrar som slutfört sina "uppgifter" har kunnat gå vidare men de som på något sätt klamrar sig fast i denna verklighet behöver hjälp med att kunna gå vidare. Varje gång vi hjälper våra anfadrar hjälper vi också *Moder Jord* att bli mer hel. När vi tar kontakt med vår blodslinje och hjälper våra anfadrar/mödrar att gå vidare sker en rening. Detta hjälper de levande som bär inom sig samma mönster, modeller, upprepningar och sjukdomar, att bli fri från dessa.

Vår nästa uppgift var att resa till "Döds Riket" för att träffa anfadrar/mödrar som blivit kvar och behöver hjälp för att kunna gå vidare. Eftersom vi har en mamma och en pappa och de har sina föräldrar, gjorde vi denna resa 4 gånger. Till min mammas mamma och pappa och pappas pappa och mamma. Vi fick som ledstjärna att vara öppen för vem som än kommer, inga förutfattade meningar, inga fördömanden. De som uppenbarar sig, kommer för att hjälpa mig att rensa, städa och rena Linjen. Men av någon orsak har de fastnat i Döds Riket, de vill gå vidare och jag skall hjälpa dem och de hjälper mig att städa. För att kunna hjälpa dem skulle vi be om en sång, fråga om det var något jag kunde göra för dem för att de skulle kunna gå vidare. Vi hade alla med oss något föremål som hörde till vår mamma och pappa. Dessa föremål hade vi kontakt med då vi gjorde vår trumresa.

Resan till min mammas mamma sida

Första trumresan till Döds Riket skulle vi ta

kontakt med någon från min mammas sida. Jag hade med mig mammas blå bröllopsklänning som jag inte hade bränt upp med de andra föremål efter min mamma.

Där i dödsriket fick jag kontakt med en vacker, genomskinlig ung fröken som hade fått barn utan att vara gift. Hennes sång kom till mig på en gång och handlade om *Herrarna i hagen*. Melodi till sången var densamma men orden var annorlunda. Det kom en annan sång också, *Ta av dig skorna*. För flickan jag träffade hade inga skor.....

Förr hade inte alla råd med att gå med skor. Förra kursen fanns även detta tema med då var det dikten av Nils Ferlin, "du barfota barn i livet" som uppenbarade sig för mig. Flickan påminde om Askungen. Hon som ville gå på balen men kunde inte gå för hon hade ingen klänning eller skor. Så här blev sången:

Jo, jo jo du har rätt
Att finnas till
Jo jo jo du har rätt
Att ge av din kärlek, din kropp
Jo jo jo du har rätt
Att gå med Herrarna i hagen
Att ha skor på dina fötter
Ingen har rätt att fördöma dig
Då du ger av din energi
Gå rak i ryggen o släpp din börda
Du fått bära i alla dessa generationer
Kvinnan har rätt att ge av sin
Kärlek, sin kropp
Utan att bli fördömd o utesluten
Jo jo jo du har rätt att finnas till
Jo jo jodu har rätt att få vara

Som du är.....precis som du är.

Det handlar om förbjuden kärlek, utan att vara gift. Kroppens lust får kvinnan känna men ej tillfredställa den, då blir hon en hora.

Denna kvinna, flicka som jag träffade var helt genomskinlig, skimrande, hennes "enda" börda var att hon hade fått barn utan att vara gift. Samtidigt kom uppenbarelsen om Askungen och hennes dilemma. Hon ville så gärna gå på balen men hade ingen klänning och inga skor. Jag gav Askungen min mammas bröllopsklänning och ett par glas skor. Dessa två gestalterna förenades och blev till en. Denna kvinna gick vidare och sången om henne gav henne vingar. För varje strof blev hennes konturer starkare och hennes hållning blev rak och stolt. Hon hade fått sin uppgörelse!

Resan till min mammas pappa sida

Nästa resa gick till min mammas pappa sida. Jag träffade direkt min egen morfar, Oskari . Han hade en cigarett i munnen och var lite påstruken. Han var en "filur" som egentligen inte ville något särskilt. Sången kom också mkt lätt! Han ville egentligen inte gå vidare utan ville stanna i denna verklighet. Jag var tvungen att säga till honom många gånger och fick övertyga honom att det skulle vara till hans egen fördel att gå vidare. Han samtyckte men ville absolut att en häst skulle bära honom hem. Hans inre barn var lessen, han hade inte fått vara den han var. För mig uppenbarades en liten pojke som jag sett på en tavla. Hans mun var lessen och han tittade på målaren med en sorgsam men anklagande blick.

Hans barndom hade varit fattigt och även han hade inte haft skor. Han led av avundsjuka och hade alkohol problem. Jag fick "jobba" mycket med att få honom gå vidare. Så här lät hans sång:

Oskari, Oskari
Var finns du nu?
Vägen är öppen
Fadern tar emot dig
Oskari, Oskari
Var finns du nu?
Vägen är öppen
den är alldeles fri
Bördorna har du lämnat
bakom dig
du kan gå vidare
med raska steg
Oskari, Oskari
Var finns du nu?
Ta lill Oskari i din hand
Ta han i din famn
Sätt han på axlarna
gå vidare mot solnedgången
Oskari, Oskari
Var finns du nu?
Vägen är ej lång
Fadern står o väntar
Med öppen famn
Du får diplomet i din hand
Vita Hästen som bär dig hem
Skorna på fötterna o rak i ryggen
Du har gjort precis så mkt som du kunnat
Och det har varit helt okey!
Släpp flaskan o låt det rinna ut
Moder Jord suger upp tung energi
Och ger dig tillbaka kärlekens ljus
Oskari, Oskari
Var finns du nu?
Hästen är nära porten

Gå nu in
Oskari, Oskari
Fadern väntar på dig!
Du är fri!
Gå vidare, gå vidare, gå vidare NU!

Resan till min pappas pappa sida

Den tredje resan gick till min pappas sida, först till min blodslinje på min pappas sida. Vem eller vilka behövde hjälp med att gå vidare där? När jag la mig ner för att påbörja trumresa kom tårarna. Jag hade med mig pappas keps och en liten slidkniv som jag hade fått av honom. Denna resa var svår, mycket svår. Tårarna började rinna som en flod nedför mina kinder. Sorgen övervälde mig. Pappa hade dött redan 1998 och nu hade det gått 15 år men ännu hade jag denna sorg!

Den som möte mig i där var min egen pappa. Därefter hans kusin, min farbror, farfar och hans mamma och hennes pappa. Det var många på plats som verkade vänta på något. Jag upplevde en stor saknad som handlade om hela min släkt i Estland.

Jag märkte hur min sorg hade fjättrat min pappa och att han inte hade möjligheten att gå vidare. Runt honom fanns många andra som inte heller hade kunnat gå vidare av någon anledning. Det handlade om att jag skall släppa pappa och låta honom gå . Den här resan var personlig och berörde mina känslor. Den handlade om min oarbetade sorg och att kunna släppa. Let go! Här fanns mycket arbete för mig att göra, att konfronteras med min egen sorg. Orden till sången som kom var inte lika klara som de från min mammas sida. De handlade om att gå vidare och att släppa:

"Roll on, släpp, gå vidare" dessa ord upprepade jag och jag såg hur ett segelskepp kom sakta glidande och min pappa och hans släkt började lugnt gå ombord. Seglen hissades och skeppet for mot solnedgången medan jag sjöng de förlösande orden då jag trummande.

Roll on, roll on, roll on
Jag släpper taget
Gå vidare
Pappa du är fri
Far väl

Jag sjöng och trummade, min sorg rann ut med alla mina tårar. Jag kände till slut en underbar frid då jag såg skeppet segla in i solnedgången.

Elden slingor renar
Bränner bort det orena
Transformera, omvandlar
Till något annat.

Resan till min pappas mamma sida

Min fjärde trumresa gick till min pappas mamma sida. Där var allt annorlunda! Här rådde frid från första stund och ingen kom direkt och mötte mig. Istället kom jag till den "Hemliga Trädgården" där allt var grönt och skönt. Jag frågade många gånger om det inte fanns någon här som behövde hjälp men det kom ingen och mötte mig. När jag hade frågat många gånger kom det slut en mycket genomskinlig varelse, som satte sig i en svanbåt som flög vidare.....

Jag fortsatte med arbetet med min pappa då jag åter var "eldvakt" Natten till påskdagen vaktade jag den heliga elden. Elden som kan transformera och rena oss. Jag hade med mig mammas bröllopsklänning och pappas keps. Jag gav elden mammas ljusblå klänning, den som Askungen fick då hon skulle gå på balen. Jag gav elden pappas keps och sjung till dem på deras färd i skeppet mot oändligheten, mot andra sidan. Jag sa "Far Väl" till alla mina pappas släktingar som fanns på skeppet. De seglade iväg och elden hjälpte mig att rena mina blodsband, ta min personliga sorg och låta mig släppa totalt min pappa. Månen tittade in till mig och gav mig tröst och healing. Nu kan jag gå vidare och göra min uppgift. Även jag fick en sång som hjälpte mig att få ny energi. Vid 5-tiden på morgonen då min eldvakt var över, gick jag ut. Det var just soluppgång och dess strålar syntes mellan trädstammarna. Vägen var fri och tom, småfåglarna kvittrade. Mitt hjärta sjöng och jag kände en stor frid inom mig!

En annan uppgift vi hade på kursen var att vi skulle ha ett möte med "Tiden". Vi skulle be om lärdom om tidens innebörd.

Min väg till mötet gick via en bild av universum som jag fick då jag var på ett seminarium som hette "Valo Saanala". På den finns en kanal direkt upp mot ett "svart hål". Dit färdades jag och satte mig på en bergstopp och blickade ner på två olika sidor. På den ena sidan finns vår Vintergata och på den andra en annan vintergata med sina galaxer. Jag fick visioner om olika världar, olika tider. Att allt är förgängligt och oändligt. Tiden är en spiral som går runt, runt. Det handlar om en syntes där transformationen skapar nytt i en oändlig ström. Allt och inget är samma sak.

När jag satt på bergstoppen, fick jag till uppgift att berätta om alla de världar jag känner till. Tiden berättade för mig att mina känslor och de olika trauman jag hade varit med om, finns bara i den fysiska kroppen. Jag skall göra mig fri och låta allt gå vidare. Det finns inte tid att fastna i känslomässiga minnen. Det finns så mycket att berätta, att visa, att färdas till, få kunskap om. Ingen tid till bekymmer, sorg som egentligen är förgänglig, evig men i ständig omvandling. Tiden uppmanade mig att använda min intuition, villkorslös kärlek, respekt, ödmjukhet. Jag fick begreppen: kunskap, vishet och kärlek. Jag fick också vetskap om att jag har alltid befunnit mig i "tiden".

Vår nästa uppgift var att resa till vår spirit linje. Vår blodslinje och spiritlinje är egentligen samma sak. De som har kommit över på andra sidan finns i vår spiritlinje och de som ännu behöver slutföra något finns i vår blodslinje. Jag träffade min Turkosa moder på min mamma sida och Fader indianen på min pappa sida. Dessa båda hade jag fått då jag födde min trumma 2006 så de var gamla bekanta. Min Turkosa moder finns i den övre världen och Fader indianen i undervärlden. Båda var närvarande och gav sitt samtycke då jag förenades med björnen. På så sätt föddes min trumma med en björnsjäl.

Jag flög vidare upp i universum till Tomheten och

Ljuset. Jag färdades på min Vita häst med vingar och fick vetskapen om att Tomheten är mitt hem, mitt ursprung, min källa. Tomheten har funnits innan den stora explosionen, innan universums födelse. Ljuset finns också här och det är min spiritlinje. Jag fick många olika råd hur jag skulle förena min blodslinje och min spiritlinje. Konkreta föremål som förenar dessa två linjer så att blir till en. Jag har Väinämöinens fjäder som jag har flätat ett silverband och ett rött band och i änden hänger det en liten klocka och en svart pärla. Dessa föremål var faktiskt med till kursen. Jag förstod inte innebörden av allt det som jag lärde mig på kursen men de finns med mig på min väg till helheten.

På kursen blev det en "björndans". Crisse var björnen och Jaana förde honom runt i cirkeln vid stod i. Vi hade alla vita kläder på oss och förenades i björnens dans. jag hade min klocka med mig och tog en "privat" dans med björnen då han var vid min sida. Under processen flög jag upp till ett buddistiskt tempel, jag ringde i min klocka och träffade munkar som sjöng. Björnen dansade runt i cirkeln och processen tog en lång tid. Det var en mycket stark upplevelse och björnen proklamerade hela tiden men jag minns inte vad.

Vi fick till uppdrag att skapa ett altare när vi kom hem där vi kan ta kontakt med vår blodslinje och spiritlinje och vårda och hedra de som finns där. Jag har länge haft ett sådant men nu aktualiserades detta mycket tydligt.

Psykosyntes

"Det är då när inget hjälper och inga murar längre finns, det är då snäckan öppnar sig för att andas ut en minut." När det blir totalt stopp i en människas liv och hon känner att syret tar helt slut måste hon söka nya vägar för att överleva. Jag hade gått den shamanska vägen i ungefär 5 år och hade fått mycket ny kunskap men jag kände att jag måste vidare på min väg att bli hel och hitta andra vägar för att förstå mitt inre sårade barn. Jag sökte och fick svar.

Min låga självkänsla drev mig att kompensera med att ännu mera höja mitt självförtroende. Det hade hänt stora traumatiska händelser, min pappa dog 1998 och efter det sattes en häxjakt igång 1999 på mitt dåvarande arbetsplats. Det var jag själv som hade satt igång denna process som ledde till att jag slut började jobba på en annan arbetsplats. Rollen som offret, det sårade barnet som jag bar på, skapade situationer så att jag lät andra trampa på mig.

För att kompensera mina traumatiska upplevelser studerade jag bl.a. till pedagogie magister. De studierna påbörjade jag 1999 och avslutade med min avhandling 2007. Efter att fått färdigt och godkänt min progradu fanns ett tomrum. Jag hade inga studier, böcker att läsa eller annat som skulle bli gjort inom en viss tid, som hade "dead line". Det hade varit ett digert arbete som hade gett mig så mycket ny kunskap och kännedom om mig själv och min kapacitet. Det var helt enkelt ett fantastiskt arbete.

På våren 2008 jobbade jag på en förskola utan ha något större personligt projekt på gång men jag var väldigt inåtvänd och fundersam. Jag hade inom mig en massa outlösta problem som jag stängde in och hade bara sikte på att klara vardagen. Jag tror att jag upplevdes på min arbetsplats, att mitt arbetssätt och min stil inte var som särskilt positivt. Mitt tålamod var väldigt lågt och min kropp var spänd. Jag piskade mig framåt för att klara av att vakna varje morgon och gå till mitt arbete. För att hitta en utväg ur denna låsta position läste jag mycket. Bland annat blev jag mycket intresserad av medveten närvaro. Jag försökte få min vardag, min arbetsdag lättare med att använda min kaffepaus på 10 minuter på jobbet med att göra medveten närvaro övningar. Det gav mig mycket men kändes ändå som plåster på det blödande sår jag hade i mitt hjärta. Mina familjeproblemen som hade följt med mig under en längre tid hade blivit bättre men kanske inte jag. Hela min högra sida av kroppen var i obalans. Jag gick på olika massages för att få till en förändring men det hjälpte bara tidvis. Jag gjorde självkännedom studier och bearbetade mina barndoms trauman. Det var också ett slitsamt arbete. Jag visste att jag hade mycket arbete att göra på den fronten och ville komma fram så fort som möjligt. Det är svårt att acceptera att utveckling och självkännedom är en mycket lång process som nog aldrig tar slut. Det tar tid att komma fram till olika sanningar och se hur det verkligen förhåller sig. Jag ville börja lita mer på mig själv och vara snällare både mot mig själv och andra.

Jag ville helt enkelt inse att jag är en människa med en massa upplevelser, erfarenheter, minnen inom mig. Allt detta påverkade mig och styr fortfarande mig, de har skapat försvar, överlevnadsstrategier som jag inte var medveten om. Det hade klumpat ihop sig och påverkade mitt liv, mina val, min vardag på ett sådant som det inte alltid ens finns ord för att kunna beskriva hur det kändes. Känslor som jag inte alltid vill, kan förstå eller se. Det är en process att bli fri och det hjälper inte att jag piskar mig eller fördömer mig. Istället är lösningen förståelse, barmhärtighet och förlåtelse. Det är med hjälp av kärleken jag kan förlösa mig och mina minnen. Just förlåtelse var viktigt för mig då jag hade upplevt mig förföljd, missuppfattad och tom sparkad.

Jag hade kommit en bit på väg genom att kunna lyssna på tystnaden och vad den vill berätta. Det är inte lätt, att släppa gamla trauman som skapat överlevnads mönster, som har gjort djupa spår i min hjärna och skapat handlingsmönster som även finns i min kropp. Det är väldigt svårt att släppa roller som är bra inövade men det är inte omöjligt. Det krävs tålamod, ödmjukhet och mycket kärlek. En medkänsla med sig själv så att man kan känna detsamma för andra.

Jag började jobba på en ny arbetsplats för att

finna tillbaks till arbetsglädjen och kom till en skola 2009. Där fick jag vara med om fina föreläsningar. En av föreläsarna instruerade i "Conscientia metoden" som handlade om *hälsa, initiativkraft och samarbete genom människokännedom.* Grundtankar i denna metod är:

Allt vad jag ser hos den andra, finns i mig själv på något vis

Som jag behandlar andra, behandlar jag mig själv inom mitt inre

Människan är sin medvetenhet

Det onda kan man endast bota med det goda.

Denna filosofi har Pertti Simula skapat.

Jag hade funderat på hur jag ville gå vidare med min egen utveckling för jag kände mig fortfarande vilsen och ville få svar på alla mina inre svallande känslor. Utbildningarna som ordnades på skolan var mycket bra men det räckte inte för mig, jag ville komma vidare i min egen personliga utveckling. Jag funderade på många olika vägar och då jag såg en annons om en utbildning som handlade om att *"Bli den du är"* förstod jag genast det var något för mig! Jag började utbildningen 2010, som var mycket dyrbar och som skulle leda till psykosyntes coach efter 2 år, om jag ville fortsätta så länge.

Under dessa år led jag av kronisk akilleshälls inflammation och av artros, som innebar smärta som varierade från dag till dag. Jag tog ändå inte min kroppsliga hälsa riktigt på allvar utan jag ville fortsatta jobba som vanligt och gjorde upp framtidsplaner om mitt fortsatta yrkesliv.

Jag fick ett gammalt minne av rubriken "Bli den du är". Det var då jag började på dramalinjen på Göteborgs teaterhögskola, jag hade blivit inspirerad av deras annonsering för utbildningen: *"Lever du ditt eget liv?"* Jag befann mig även då i en vändpunkt i mitt liv och var mycket desperat hur jag kunde gå vidare. Det ledde till att jag några år senare flyttade till Finland för att pröva mina vingar. Nu gällde det att "Bli den jag är"!

Jag började min psykosyntes coach utbildning på hösten 2010. Utbildningen som coach visades vara den riktiga lottovinsten som jag hade väntat på. Jag fick kontakt med min smärta på ett mycket djupare plan med hjälp av olika övningar som vi gjorde. Även alla de roller som jag hade byggt upp under åren kunde jag arbeta med. Det var med hjälp av kreativa övningar som man kunde urskilja olika **delpersonligheter**. Dessa roller har varit överlevnads strategier och som hade blivit en del av min personlighet. När de byggdes upp hade de ett berättigande men eftersom individen utvecklas behövs inte alla dessa egenskaper som delpersonligheterna har. De är i stället en börda som hindra människan för att växa.

Själv hade jag byggt upp en mycket stark yrkesroll identitet som jag gav mig ett starkt självförtroende men denna delpersonlighet hade också en baksida såsom alla roller har. Jag har skrivit en bok om mina upplevelser i mitt yrkesliv, hur denna roll ställde till det för mig. För min självkänsla var låg och reagerade ofta med olika överlevnadsstrategier. Yrkesrollen som jag hade byggt upp under 40 år handlade om "att göra", för att få ett berättande för min existens och den försvinner inte så lätt. Görandet var ett kamouflage för att komma bort från smärtan, rädslan och skammen.

Nu fick jag kunskap om dessa roller och redskap hur jag skulle kunna förlösa dem. För alla dessa roller vi spelar i livets komedi eller tragedi har vuxit till egna personligheter som inte härstammar från det genuina jaget. De har uppstått för att man skall överleva i en kaotisk värld med olika krav från omvärlden. Det var helt fantastisk att kunna få ett perspektiv på mina känslor och behov och se omvärldens förväntningar på mig. Jag hade fått verktyg för att förstå mitt handlande men även andras. Det har jag alltid varit bra på, att se hur andra beter sig och känna atmosfären som finns runt omkring. Hur människor beter sig mot andra och hur andra mår har varit viktiga överlevnadsprinciper för mig att ta reda på. Mina känselspröt har jag varit tvungen att få redan i min barndom och de har varit till stor hjälp i mitt arbete med barnen.

I samma veva som jag började denna utbildning började jag ta mig själv riktigt på allvar. Jag förstod att jag inte längre kunde nonchalera min hälsa. Jag gick till arbetsläkaren 2011 och fick gå många undersökningar för att konstatera att mina krämpor är kroniska och går inte göra något åt. Läkaren föreslog deltidspension som innebar att jag jobbade 3 dagar och 2 dagar hade jag pension.

För att återkomma till psykosyntes utbildningen och vad den har gett mig på min väg till helhet rullar vi tillbaks till 2010. Det var då jag fick sådana redskap som gav mig möjlighet till ett genuint och balanserat liv i denna välden.

Han som grundade psykosyntesen heter Robert Assagioli (1888-1974) och han samarbetade med både Freud och Jung. I sin ungdom kom han i kontakt med och inspirerades av psykoanalysen. Han betraktades som psykoanalysens företrädare i Italien av såväl Freud som Jung men han började att utveckla sin egen teori om människans psyke som han 1926 gav namnet psykosyntes. Han ansåg att det fattades en viktig, högre dimension i psykoanalysen såsom kärleken, kreativiteten, skönheten och andligheten. Assagiolis teori inkluderar hela människan *kropp, själ, känslor och intellekt* och att varje hinder individen möter finns det ett frö till mänsklig mognad och tillväxt. Kärnan i psykosyntesen är vårt inre Jag, "Självet" och idealet var att utgå från det som var friskt hos individen.

Redan första utbildnings tillfället ställde läraren frågorna: *"Hur har mitt liv varit, gestaltat sig, sett ut fram till nu? Var befinner jag mig nu i livet? Vart är jag på väg?* Det var frågor om jag själv hade ställt mig under min livstid och nu skulle jag få möjlighet att besvara dem!

I psykosyntesen använder man sig av olika redskap såsom; meditation, visualisering, kreativ målning och/eller ritning, guidade vandringar och kroppsliga övningar. Det finns metoder som tex. Stjärnan som fokuserar på olika teman; sinnesförnimmelse, känslor, impulsbegär, fantasi, intuition och tanke. I mitten finns Självet som är mittpunkten och där finns Viljan. Med denna enkla metod kan man se inåt på tex. ett trauman, något minne som man bär på. För mig var det en befrielse att stiga in i de olika teman och uppleva hur ett minne fick möjlighet att flyta upp från mitt inre. Sedan kunde jag transformera minnet till min historia och veta att detta är enbart ett minne och att jag är mycket mer än detta minne. Det gör man med hjälp av des-identifiering som sedan leder till självidentifiering. Vi bär alla på en mängd minnen och trauman som påverkar vårt liv och stjäl energi. När man på ett mycket enkelt sätt med hjälp av sin vilja få dessa energi slösare att rinna bort är det en befrielse!

I alla fall började utbildningen med en meditation över dessa frågor. *Hur hade mitt liv egentligen sett ut hitintills?* Ja det hade ju varit rätt kaotiskt och ett emellanåt, desperat sökande efter mitt "Sanna Jag" och att få vara den jag är. Utbildningens rubrik var också ***"Bli den du är"***. Det var den rubriken jag såg i tidningen Kyrkoposten då jag en dag kände mig rätt deppig och kroppen kändes tung av smärta.

Den andra frågan som ställdes var: *Var befinner*

jag mig nu i livet? Just då, vid detta första utbildningsträffen var jag full av iver. Vi alla hade blivit intervjuade av läraren på våren och hela sommaren hade jag väntat på svar om jag var antagen. Ja, jag var full av iver! *Vart är jag på väg?* Var nästa fråga och det hade jag inte något direkt svar just då.

Så här blev min meditation. I den kom det fram olika bilder och teman. Det första var "överlevnad". Jag befann mig i ett hav där höga vågor sköljde över mig. Jag var tvungen att ta luft innan nästa våg svallade över mig. Jag fick en och annan kallsup som nästan tog kål på mig. Jag höll på att drunkna och jag fick kämpa för att hålla mig uppe vid ytan. Jag upplevde under meditationen hur jag stakade mig mödosamt framåt i den höga sjön. Samtidigt som jag upplevde dödens närvaro fick jag en förnimmelse om tacksamhet för den smärta som jag bar på. Jag var tacksam för all den kunskap smärtan hade gett mig, för den hade förberett mig för livsuppgiften vi alla har. Jag fick också uppleva de olika roller som jag hade skapat för att kunna överleva men nu var det dags för mitt uppvaknande, att gå vidare på min stig.

Jag fick en bild av att jag stod vid ett vägskäl som berättade för mig var jag just nu befann mig. Det var dags att göra olika val, släppa på trauman från min barndom. Släppa på det s.k. "sårade barnet". Detta sårade barn som jag hade försökt hela genom mina barn och mitt arbete. Jag insåg att det inte var rätt mot mina barn och jag hade troligtvis blivit en "överbeskyddare". Jag hade skapat en modersroll som inte främjade varken mina barn eller mig. Visserligen gör man så gott man kan och det man har kunskap om. Nu stod jag vid ett vägskäl med en vägvisare som pekade vart jag var på väg. På skylten stod det "Lillus egna väg". Dit är jag på väg! Som innebär att leva utan skuld, fördömande, med kärlek, tillåtande, förståelse, förlåtande. Som innebär att tjäna andra, att hjälpa andra. Det var ingen dålig början på min process till att *"Bli den du är"*.

Vägskälet var ingen ny metafor för mig jag hade fått uppleva den på en kurs jag gick i shamanism. Då fanns det ingen text på skyltarna för det fanns flera alternativ men nu återstod det bara en vägvisare med mitt eget namn på!

I psykosyntesen talar man om att individen består utav olika **delpersonligheter** (förkortar d.p.). Dessa delpersonligheterna är olika roller, masker eller en slags fasad som vi intar i vårt vardagliga liv. Dessa roller har egna känslor, tankar, drifter, idéer, gester, miner, kroppsspråk, minnen, erfarenheter, egenskaper, mönster och strategier. De blir en del av vår personlighet som byggts upp under vår uppväxttid och byggs ut hela tiden. De kan vara medvetna eller så är de omedvetna roller som vi intar för att få våra grundbehov tillfredsställda och skapas just för överlevnad. Är de omedvetna så är individen inte medveten om att det är en roll hon spelar för att få ett behov tillfredställt.

Vårt inre *Jag*, vår kärna vill få det den behöver

och om det är lättillgängligt sker inte någon överlevnadsstrategi. Men om uppväxtmiljön inte är harmonisk och om Jaget måste göra upp en plan, en strategi för att få det den behöver, börjar en delpersonlighet att skapas. Händer dessa situationer ofta hittar inte Jaget tillbaks till sin genuina kärna och istället börjar individen bygga upp en roll som den till slut identifierar sig med. En sådan d.p kan börja leva sitt eget lilla liv och istället för att individen identifiera sig med sitt inre *Jag* identifierar sig individen med sin roll. Strategin blir inte en enkel plan utan en invecklad sådan som till slut blir till en omedveten delpersonlighet.

För att kunna utvecklas måste behoven bli tillfredsställda därför skapar vi modeller, roller för detta ändamål. Till slut har människan ett arsenal av olika roller den använder för olika ändamål. Dessa d.p. kan börja konkurrera om herraväldet. De kan ta över på så vis att människan styrs av deras drifter för att hävda sina behov som rollen har.

Följande exempel kan belysa detta scenario. Barnet har behov av tex. närhet och är det litet börjar det att gråta och gnälla för att få det tillfredställt eller så försöker det komma upp i famnen. Lyckas inte dessa strategier så att behovet blir tillfredställt måste barnet göra upp en mer komplicerad plan. Detta psykiska samspel är inte så enkelt som jag beskriver men ett försök att förstå hur människan gör för att kunna växa. Barnet måste kanske hitta på en roll så att det får det som den behöver. Barnet blir då kanske clownen som ställer sig på "huvudet" för att få uppmärksamhet. Det enkla behovet av närhet och en famn har fått en helt annan dimension för barnet. Ju mer den spexar till det ju mer får den uppmärksamhet och en delpersonlighet börjar få form. Denna rollen skaffar sig en egen identitet som kommer långt från *Jagets* behov av närhet. När individen växer och blir äldre finns inte längre någon förankring i *Jagets* behov utan rollen, som har skapat helt sina egna behov.

Nu är det så att individen inte bara har en delpersonlighet utan flera som kanske tom strider mot varandra. Detta inre liv sker i det omedvetna och människan identifierar sig med en massa olika delpersonligheter och hoppar än hit eller än dit. Dessa tar helt enkelt kommandot, herraväldet över människan och styr dess liv utan mål att individen skall växa. Individen kan komma tillrätta med alla dessa d.p. genom att bli medveten om deras spel. Assagioli skriver: *"Vi utgör inte en enhet. Vi tror ofta att vi gör det, eftersom vi inte har många kroppar och många lemmar och eftersom den ena handen vanligen inte slår den andra. Men bildligt talat är det just det som händer inom oss. Flera delpersonligheter befinner sig i ett ständigt handgemäng: impulser, önskningar, principer och strävanden för en oavbruten kamp mot varandra."*

Då vi börjar att studera dessa roller och ser hur de beter sig i olika sammanhang, kan man "stiga ut ur" den och helt enkelt observera hur den beter sig. Detta kallas des-identifiering. Vi kan då upptäcka att d.p har från början hade ett genuint behov som nu fått en skepnad, blivit en skugga från ursprungsbehovet, från sin arketyp. Närhetsbehovet blir tillfredställt genom att den nu vuxne personen måste spela en roll och är beroende av en annan person för att få bekräftelse på att överhuvudtaget får finnas till. När människan upptäcker detta spel och har fått kontakt med sitt inre rum, börjar *Jaget* sin upptäcktsresa. Man kan även här använda sig av metoden stjärnan för att riktigt förstå hur denna delpersonlighet har uppstått och vad den bär med sig.

Stjärnan ger individen ett redskap för att kategorisera scenariot genom de olika teman: *sinnesförnimmelse, känslor, fantasi, intuition, tanke, impuls/begär.* I mitten finns Jaget och viljan som är viktiga kompanjoner. Man ställer sig i mitten och tar fram en av sina d.p. som man har under meditation och/eller ritövningar gett sig till känna. Man blir sin d.p. och stiger in i de olika stjärnuddarna och öppnar sig för det som kommer fram. Övningen är mycket terapeutisk och då du ställer dig i mitten igen och är ditt sanna Jag med din egen vilja, får du sådant perspektiv som gör det möjligt att frigöra dig från de bojor rollen har gett dig. Du blir betraktaren och får en förståelse för ditt eget beteende, dina känslor och handlande.

Naturens lag vill skapa balans därför skapar varje

d.p. en motpol, en annan d.p. som är helt en motsatts till rollen. Dessa d.p strider alltid om herraväldet, så individen kan verkligen känna motstridiga känslor inom sig. Jag själv hade ett starkt självförtroende och litade på min kunskap samtidigt som jag hade en låg självkänsla som drog ner mig. Båda dessa känslor hade framkallat olika roller i mitt liv som gjorde mig väldigt konfys.

Genom des-identifiering kommer individen underfund med sina d.p. Det betyder att man blir medveten om den illusion man lever i och låter *Jaget* få tillbaka rodret. Man stärker jagkänslan genom att fördjupa vetskapen om de olika d.p.

En fortsatt övning av att integrera olika d.p., är att låta två d.p. som är varandras motpoler mötas. Man gör denna övning genom att först identifiera de olika d.p. och rita dem så de blir konkreta. Alla deras egenskaper klarlägger man och hur de har tjänat individen men även hur de har hindrat den. Man skapar ett utrymme så att dessa två kan mötas och det kan då uppstå kommunikation emellan dessa motpoler. Självet är betraktaren och utövar inga fördömanden utan låter de båda få komma till tals. Dessa motpoler som har kämpat emot varandra blir då istället en enhet. De går upp i varandra samtidigt som de har kvar sina ursprungliga egenskaper. Denna process känns mycket befriande och förenande.

Man förkastar som sagt inte sina olika roller men man går tillbaka till arketypen. Nu låter man dessa motpoler förenas och genom bland annat meditation och olika övningar förena dem så att de kan smälta samman. När detta sker har syntesen uppstått och d.p har fått en stadig platå att utgå ifrån och *Jaget* har en bra dräng som utför arbetet av behov tillfredsställningen utan några krumelurer. För att detta skall kunna ske måste människan utveckla en stark medvetenhet med både kontroll och en bra disciplin. Det är genom kontinuerlig övning och stor medvetenhet som detta kan lyckas och människan kan åter bli ett.

Från detta centrum kan vi träda in i den ena eller den andra d.p. Nu är det Jaget som bestämmer och reglerar dem men även vårdar dem. Vi förfinar deras handlingar så att de just uträttar det som är nödvändigt. Detta arbete kanske låter väldigt lätt men eftersom det handlar om djupa känslor som är förankrade från barndomen eller ännu längre så tar denna process kanske en livstid. Dessa känslominnen finns i den delen av hjärna som kallas känslohjärna, limbiska hjärnan. Där har alla våra upplevelser byggt olika spår för överlevnad. Dessa spår kan man inte helt sudda ut för det ingår i vår historia men vi kan genom djup meditation få ett perspektiv för våra känslominnen. Med hjälp av en annan del av hjärnan, neocortex kan en kommunikation ske mellan dessa systemen i hjärnan. Neocortex sorterar de emotionella data som den limbiska hjärnan för upp till medvetandet. Detta tar nästan all energi ifrån denna del av hjärnan om individen lever igenom sina känslor så hon "hinner" inte bearbeta alla sina känslominnen och skapa nya vägar till handlande. Med hjälp av djup meditation kan människan skapa nya handlingsmönster genom att förstå sin historia. Detta sker i en annan del av hjärnan, prefontala cortex, som är samordnare för hela vår biologiska superdator. Det är då denna del av hjärnan sitter i förarsätet som vi kan distansera sig från de känslominnen som binder oss från att växa ur vår kokong och skapa nya nervbanor.

Om vi nu fortsätter med att ta behovet av närhet och vi har uppnått denna des-identifiering och förfinat denna d.p. så finns det inget behov av att spela någon roll längre. Individen har insett vilket behov som finns bakom d.p. och tillgodoser detta.

Istället uppstår en syntes som förenar motpolerna med varandra och som skapar något nytt av bådas egenskaper.

Jag jobbade mycket med tema "övergivenhet" och "samhörighet". Båda dessa finns det en historia till som påverkar mitt liv. Övergivenhet har funnits sedan jag föddes och samhörighet har jag sökt för att kompensera mitt genuina behov av närhet. Samhörigheten har jag inte funnit i det liv jag levde i min vardag utan den har jag funnit i den andra verkligheten. Jag har som shamaner säger haft "mitt andra uppvaknande" som innebär att jag är odödlig. Jag har en själ som går vidare och släpper den identiteten som jag har för tillfället. På en shamankurs om döden gjorde vi övningar där vi upplevde vår egen död. När man har upplevt sin egen odödlighet så känns inte förlusten av sin nuvarande identitet så viktig. Denna vetskap, denna kunskap har jag men ändå kan jag känna mig ensam i min vardag. Denna känsla av ensamhet upplever de flesta människor och som får dem att kompensera det med diverse görande. Jag hade också försökt finna botemedel mot känslan av övergivenhet men hittade inte något för att lätta på den smärta som jag då och då upplevde.

Du kan inte få tillbaka din barndom men du kan ge dig själv en förståelse för de behov du fortfarande har. Så därför har jag jobbat mycket med dessa två teman, övergivenhet och samhörighet, som syns vara motpoler. När jag gjorde en djupmeditation fick jag en syntes av dessa och det var "Ljuset".

För att få ett större perspektiv gjorde jag också des-identifieringen och benämnde då känslan av ensamhet.

"Du kan känna en känsla av ensamhet men du är inte din ensamhet" utan mycket mer. Du är ett centrum av ren självmedvetenhet". Med hjälp av denna enkla övning får man ett perspektiv ovanför detta känslominne som fortfarande är lagrat i vårt limpiska system där känslorna finns belägrat.

När jag började arbeta med mina delpersoner upptäckte jag att de verkligen hade och (har) hjälpt mig men under omedvetenhetens slöja. Arbetet började med att identifiera de mest framträdande d.p. Den förste som uppenbarade sig var "Presteraren". Jag upptäckte att bakom varje d.p. fanns en helhet av egenskaper samlade. I "presteraren" fanns effektivitetssyndromet (allt skall göras så effektivt som möjligt och så många saker åtgärdas som möjligt). Att göra (som motsatsen är att vara) var inkapslad i presteraren och att göra allt rätt efter gängse regler. Den rollen hade jag byggt upp en längre tid och var alltid aktiv då jag arbetade. Andra d.p var kontrollanten och en annan rebellen som var inkapslad med provoceraren, besserwissern och trotsaren. De alla begränsade min vardag men samtidigt insåg jag att de hade tjänat mig under mitt liv och hjälpt mig under min uppväxt. De alla hade skapats för att jag inte fick vara mig själv och inte fick mina behov tillfredsställda. Utan var tvungen att hitta olika roller, masker, fasader, strategier alltså d.p. för att kunna överleva.

Psykosyntesen har olika verktyg för att kunna identifierade dessa roller och undersökte deras grundbehov och hur de har tjänat individen. En av dessa övningar som hjälpte mig att transformera dessa roller var "Berget". Då går man tillsammans med sin d.p. på en stig som leder till ett berg. Man studerar vad som händer med d.p. under färden till toppen mot berget. Denna övning gjorde jag många gånger för den var verkligen användbar för mig. Under färden förändras denna roll och får ett annat uttryck. Uppe på berget låter man solen lysa på d.p. och sig själv. Man kan också fråga "den allvetande" som finns på berget om man har något man undrar över.

Inom shamanismen finns även Berget som en mycket stark metafor både för att nå upplysning och då man färdas den sista resan i sitt jordeliv.

Då jag gick upp på berget med provoceraren under en övning vi hade, upplevde jag hur den bytte färg under färden och uppe på berget då solen lös på den blev den genomskinlig, med lite grönt, gult skimrande ljus. Hon hade mycket att berätta hur hon hade hjälpt mig att ge mig min "plats", utrymme för att överhuvudtaget finnas till! Det är hon som får tillstånd rörelse i stagnationen. Det är hon som är använder sig av rak kommunikation och säger med hög röst "kejsaren har inga kläder". Men hon har också "ställt" till det för mig, med sin aggression har hon skapat konflikter som har lett till bråk.

Under reflektionen uppenbarade sig motpolen till denna d.p. som är "offret". Denna d.p. har jag väldigt svårt att acceptera. Jag känner att jag är en vattenpöl som alla kan trappa eller hoppa i och gör det också. Övningen fortsatte med musik och vi gick omkring i rummet "offret" uppenbarade sig och jag fick en förnimmelse av dess arketyp. I offret finns fröet till empati och medkänsla men som hade förlorat sitt ursprung. När man inte kan acceptera en d.p. försvårar man processen och d.p. får svårare att hitta tillbaks till sitt ursprung. Om man däremot ser positivt och med medkänsla på sin d.p. så upptäcker man dess konstruktiva sida.

När man arbetar med två olika d.p. som är varandras motpol, som min "provoceraren" och "offret", bildas tes och antites. När jag kan förena dessa (processen har redan startat då jag upplevde dem båda samtidigt i övningen) blir det en syntes av de båda. De hittar tillbaka till sitt ursprung, till sin arketyp och startar sin resa därifrån. Provoceraren och offret har många olika egenskaper som främjar mitt *Jag* och när psykosyntesprocessen är "färdig" uppstår en förening som består av båda dessa former och något mer. Det blir en syntes av dessa d.p. som har nya och bättre egenskaper som tjänar mig bättre. Efter reflektion under detta arbete har jag sett de fördelar som offret har hjälpt mig med. Det är det hjälplösa spädbarnet som inte fick det den behövde. Nu skulle offret kunna hjälpa mig att kunna "ge mig hän" , kunna lita på att andra människor vill mig gott (inte illa), att känna att jag har rätt att få. Jag behöver inte ta rebellen till hjälp för att få mina behov tillfredsställda.

Integreringsprocessen för de omedvetna d.p. är följande; *identifiera, acceptera, integrera* (det betyder att man "tar hand" om det underliggande behovet) och till slut uppstår en *transformation* och d.p. kan komma tillbaka till kärnan, *Jaget.*

Redan i början av utbildningen blottades samma tema som jag hade upplevt i olika sammanhang inom shamanismen. Bland annat kom den "förkolnade Lillu" upp i en djup meditation. Det var henne vi kastade på elden, ett av mitt kraftdjur och jag, på en av shamaniska kurser som jag har gått. Resterna åt jag upp, nu kom hon åter fram. Hon är en del av mig, min skugga, min smärta. Hon är en kunskapsbank, en förståelse för smärtan och lidandet som transformeras till en kraft, energi, till helandet. Under denna meditation fick jag också en klar bild av min kärna som är full av glädje, det sprudlar inom mig som tusen strålar. Smärtan och glädjen är samma mynt, motpoler som alltid bildas för allt vill komma i balans, det är naturens lag.

Mitt inre barn som vill att jag lyssnar på henne och vill berätta vad hon behöver. Hon behöver tid och förståelse. Jag fick under denna meditativa övning en förnimmelse av en treenhet: mitt inre barn, min skugga som är den förkolnade Lillu och den som jag var just då, betraktaren, som lät båda få utrymme. När vi gjorde denna visualisering kom Jesus med oss på ett mycket påtagligt sätt, han gav oss alla tre helandets energi.

Jesus har funnits i mitt liv genom syster Astas berättelser om honom då jag gick i söndagsskolan. Söndagsskolan fanns i en skola närheten av mitt hem och jag var med i dess verksamhet länge. Varje söndag var det en befrielse att öppna terrass dörren och komma bort från gråheten och springa till Ljuset och Ordet.

I tonåren fortsatte jag i kyrkokören så den kristliga atmosfären har varit med mig under min barndom och ungdomstid. Det är främst det kristliga budskapen om kärleken och förlåtelsen som har varit viktiga för mig. Jag tror absolut inte på den beskrivningen av helvetet som finns i Bibeln och om att människan föds med sina synder. Men jag tror att släktled följer släktled och allt vad det innebär av gamla "synder". Jag har nog upplevt skärselden som har en viktig roll för människan då hon skall vidare till andra sidan och måste konfronteras med hur hon har levt sitt liv. Däremot Jesus har alltid varit en viktig person för mig som fanns vid min sida då jag kände mig rädd och ängslig. Det var en trygghetsfaktor som jag kunde be till och den fanns kvar även då jag var tonårig för att skydda min familj eller om jag behövde hjälp med något annat.

För att kunna gå vidare i sin utveckling måste man lämna sitt gamla jag. Man måste liksom fjärilen kravla sig ur sin kokong och bli den man är ämnad att vara. Många vågar inte ta detta steget utan blir kvar i sitt hölje hela liv och känner hur frustrationen ökar för varje år som går.

Denna transformation, då man måste lämna sitt gamla jag, sker många gånger i en människans liv då hon växer och får mer kunskap som till slut kan kallas "upplysning". För att komma till sista hållplatsen innan man transformeras slutligen är en livsuppgift som alla inte kommer till. Istället snurrar de i ett vakuum utan någon början eller något slut.

Ett annat tema som kom upp i början av utbildningen var "Ur-kraften", den kvinnliga, feminina energi som jag alltid har känt inom mig. Det är den energin som har blivit fördömd och som jag har fått förnekat. Även detta tema har jag arbetat med då jag utövat shamanism. Det kom också fram om "fyrkantheten", gråheten som släckte glädjen för mitt inre barn. Jag fick gå tillbaka till mitt ursprung och se hur det hade påverkat mitt vuxna liv och även hur mina upplevelser hade tjänat mig. Jag fick uppleva hur jag tryckte tillbaka mitt sanna Jag samtidigt som jag kände min starka vilja som ville resa sig från alla dessa negativa känslor. Jag upplevde en vilja som verkligen ville leva detta liv, alltså LEVA det.

För att gå utbildningen till att bli coach måste vi alla gå i psykosyntes terapi 25 gånger. Under dessa sessioner gjorde vi de övningar som jag har berättat om. Andra året då jag gick utbildningen gjorde jag Berget övningen med "ansvars" d.p. Den här gången började djup meditationen på en äng. Medverkande var "den skrattade Lillu", men även skuggan, den förkolnade Lillu skymtade i ögonvrån och så var även jag närvarande.

Det var en vacker dag, fågelkvitter, vindens sus, blommorna vajade sakta i vinden och solen sken på mig.
Terapeuten sa: "Där finns en stig vid ängen och där ser du ansvars d.p. komma gående till dig. Hur ser hon ut, den ut?
Jag såg en gestalt vars hår var väldigt smutsigt och tovigt. Hon går som en robot, maskinaktigt. Hon har vassa armbågar som hon hade satt vid midjan. Hennes ansikte är helt tomt, jag kan inte se hennes ögon för de är inne i sina hålor. Klänningen hon bär är också smutsig och trasig.
Terapeuten: *Vad skulle hon behöva?*
Ett bad!
Finns det någon möjlighet där på ängen? frågade

terapeuten.

Ja, det finns faktiskt en sjö och där finns faktiskt ett badkar på stranden!

Ansvars d.p. tar sig ett bad och håret som hade varit mörkt, smutsigt och tovigt blev blont, rent och inte så tovigt.

Terapeuten: Bakom er finns ett berg och ni vet att ni båda har något där att hämta.

Jag tar d.p. i handen och vi börjar gå. Stigen till berget är snårig, buskig och stenig och det blir brantare och brantare. Jag måste släppa ansvars d.p. hand. Hon har börjat förändras, mer och mer under färden. Hon blir magrare och magrare och hon krymper. Hennes ansikte börjar ta form och jag ser två stora ögon. Jag måste ta henne på ryggen. Vi kommer upp på berget.

Terapeuten: Solen lyser på er båda två och ni sätter er på en sten som finns på toppen av berget, där uppe ser ni en fantastisk utsikt.

Terapeuten: Fråga d.p. vad hon behöver.

Hon behöver en säng för hon är trött, mycket trött. Hon vill lägga sig och sova.

Terapeuten: innan hon börjar sova skall du fråga visdomen som finns uppe på berget det jag vill fråga.

Två frågor kom upp: När uppstod du? Vad blir du nu?

Första frågan kändes inte så angelägen men jag "såg", kände ett litet barn, ett litet rädd barn. Ett barn som fick börja agera och göra upp strategier för överlevnad.

Den andra frågan var viktigare. Gestalten i sängen förvandlades till Freja med långt fint hår, vackra kläder och mycket vackra gester, rörelser och hon ler. Hon blir kvinnan. Ansvars d.p. har dolt kvinnan i mig. Nu fick hon komma fram!

Jag jobbade med alla mina d.p. och transformerade dem till sitt ursprung, till sin arketyp. Jag säger inte att de har försvunnit (de har ju också hjälpt mig) men de har blivit medvetna känslobehov och en förståelse för mitt agerande. Nu kan jag se vilka trigger punkter jag har och hur de ställer till det för mig. Det är då när jag handlar från min känslohjärna och agerar instinktivt som får mig att må dåligt. Jag fick genom psykosyntes utbildningen en metod som gav mig ett annat sätt att reagera på mina trigger punkter.

Under någon av dessa meditativa övningar fick jag en upplevelse med vilken fart jag ville framåt, troligtvis alldeles för fort. Men jag ville komma fram till havet, till slutmålet. Jag fick upplevelsen av mitt inre, ett Jag som fortfarande var intakt, inget hade kunnat förstöra det eller ta det. Jag fick förnimmelsen av att på riktigt finnas till och att jag för alltid skulle vara mitt sanna Jag. Nu skulle jag vidare, från gråheten till färgerna med en väldig fart. Dessa färger som alltid har funnits inom mig men mina ögon, mitt sinne hade blivit täckt av en slöja. Nu lägger sig allt på sin plats och jag behöver inte bita ihop mina tänder för att slutföra min resa. Pusslets bild kommer att lysa helt klart, de fyra elementen; vind, vatten, eld och jord balanseras och är verktyg på min färd till helheten.

Det var väldigt utvecklande att jobba med mina olika delpersonligheter och att få komma till grunden med varför de hade skapats. Under 2 års tid hade jag möjlighet att medvetet granska hur mitt inre liv fungerade. Vilka känslor som hade uppstått och vilka minnen som var gömda. Vi har alla olika grundkänslor som vi bär på. En av våra grundkänslor är skam känslan.

Om ett barn blir åsidosatt eller utsatt för våld av

något slag uppstår en känsla av skam. Detta innebär också sådant som handlar om förlöjligande eller lurad. Dessa minnen finns kvar inom oss och triggas av någon vardags händelse. Själv har jag ett minne som kom upp då jag kände mig lurad då jag var i kontakt med ett mobil företag. De hade gett mig fel uppgifter som föranledde till att jag hade fått betala extra för mitt nät, egentligen var det ingen stor summa. Jag fick övermottliga aggressions känslor som inte var i balans med det som hade hänt. Jag ifrågasatte min känsla och undrade varför det uppstod en sådan massa känslor för en sådan liten händelse. Jag sa till mig själv att vill verkligen inte bli så där arg. Det är inte bra för mitt hjärta och min hälsa. När jag efter det simmade och kom in i ett slags meditativt flow kom det från mitt inre upp ett mycket gammalt barndomsminne. Jag blev väldigt förvånad att detta minne fortfarande ställde till det för mig i vuxen ålder. Men just sådana känslor som tex. skam som barnet trycker undan måste bearbetas så att människan tillåter sig att känna hur der verkligen kändes. När jag kunde se det lilla barnets skam känsla och tillåta den få en form, förändrades också min aggression. För samtidigt som du blir "slagen" och går undan skapas en överlevnads strategi. Nästa gång som en likartat situation uppstår så är individen klar med en motattack. Så var det för mig!

Jag jobbade med dessa roller både på utbildningen men också med peer gruppen, terapin och med självstudier. Det arbete blir aldrig klar för vi alla har undan gömda minnen med olika känslor som finns inkapslade i vårt inre. Under utbildningen skedde en stor förändring i mitt beteende. Kärleken fick större plats inom mig och katastroferna blev färre. Visserligen konfronterades jag med studiegruppen och konstaterade hur annorlunda jag var. Hur svårt det är att inte bli sårad när gamla roller aktiveras och man känner att man inte har tillräckligt med självkännedom. Men det var en fantastiska upplevelse då mina skuggor fick konturer och förklaringar till mitt sätt att reagera eller rättare sagt agera på. För det har varit och är fortfarande min starka sida att jag alltid vill gå framåt på min väg.

Psykosyntesen poängterar individens *vilja* och den är central för att finna sitt Sanna Jag. Viljan är Jagets redskap för att fullfullgöra sin uppgift och för att få ett bra liv. Det finns olika viljor; *den starka viljan, den skickliga viljan, den goda viljan, den transpersonella viljan och den universella viljan.* Alla dessa viljor har individen tillgång till men alla kommer inte att använda sig av den universella viljan. Den universella viljan handlar om att smälta samman med den yttersta verkligheten. Alltså med den "andra verkligheten" eller "den icke ordinära verkligheten". Kanske kommer inte heller alla utveckla den transpersonella viljan. När människan upplever att hennes liv känns meningslöst så vill hon kanske göra något åt den känslan. Då börjar hon medvetet fundera över livets mening och vad hon egentligen vill med sitt liv och kommer då att ta hon kontakt med den transpersonella viljan. Men alla vill inte detta utan stakar vidare på den artificiella vägen.

Vi hade tranpersonell fest i slutet av utbildningen. Då man mediterar och gör guidad meditation aktiveras övermedvetande. Under djup meditationen kom jag till Kristall salen. Där hade jag varit förut på en kurs om döden på en shamankurs. Då fanns det en sal och olika rum men nu uppenbarades en mycket vacker Gudinna.

Hon satt på tronen som jag hade sett förut, hela hennes gestalt var genomskinlig vit. Hon reste sig upp och kom emot mig med händerna höjda framåt. Jag kände en varm energi strömma igenom mig och jag blev helad.

Efter att träffat Kristallgudinnan fick jag en vision av att jag skulle göra en kristallkrona och det gjorde jag 2013, utav silvertråd, bergskristaller och utav andra stenar .

Innan jag började utbilda mig till psykosyntes coach har jag använde mig mest av den starka viljan för att överleva. Den har lett mig framåt och har varit en bra följeslagare. Men som oftast så slutade mitt strävande med att jag slog "huvudet i väggen" eller/och blev fysiskt sjuk. Jag fick också burn out i mitt arbete då jag ville förverkliga mina mål. När jag gick på coach utbildningen tränade jag min skickliga vilja så att den blev mer som en vän för mig. Jag hade redan

haft kontakt med den universella viljan då jag utövade shamanismen. Men ännu vid den här tiden kunde jag inte smälta samman dessa världar. Utan jag levde i två världar samtidigt. Arbetet med sin vilja är central i psykosyntesen och många av utbildningens uppgifter var att stärka den och undersöka den. Jag jobbade med *viljetrappan* som består av följande steg:
ingen vilja upplever att det inte finns några valmöjligheter,
nästa steg är att bli medveten om att viljan finns,
nästa steg är att känna att man har en vilja och ett val,
nästa steg att man är vilja och till slut finns den universella viljan.

Sedan finns det viljans stadier då man vill förverkliga något mål eller en vision. Då börjar man med syftet, gör ett övervägande, väljer och gör beslut, bekräftar, planering med olika delmål och till slut styrning. Denna metod använde jag mig av för att förverkliga mina mål både med studier och i mitt privatliv. Psykosyntesen presenterar också viljans olika egenskaper som är bra att öva på. Det är *energi, behärskning, koncentration, beslutsamhet, ihärdighet, initiativförmåga och till slut organisation som förenar dessa funktioner.* Jag går inte in på de olika funktionerna i denna bok. Men vill nämna dem för att de här funktionerna har hjälpt mig på min väg att bli hel. Man kan jämföra med medveten närvaro som många utövar men i psykosyntesen finns möjlighet att öva på olika skeden i att kunna vara i nuet. Vi tränade också vår målmedvetenhet, makten att välja med olika mål med hjälp av guidad meditation. Där gick vi också upp på berget. Den övningen gör jag fortfarande. Du kan också pröva på denna metod! Tänk på ett mål som du har satt upp och som du gärna vill förverkliga

Låt en spontant bild framträda som symboliserar målsättningen.

Medan du fortfarande blundar ser du framför dig en rak, lång stig utan hinder som når upp på en kulle. Uppe på kullen kan du på avstånd se bilden du har valt som symbol för det du siktar på

På båda sidor av vägen kan man höra, se och känna olika slags varelser som försöker få dig att lämna stigen och hindra dig från att nå toppen av berget. De får göra precis vad de vill förutom att blockera din stig som fortfarande är rak och ligger helt öppen. Dessa väsen representerar olika situationer, personer, underordnande målsättningar och inre tillstånd i ens inre. De har en hel del strategier för att leda dig vilse. De försöker göra dig nedslagen, skrämma dig och hypnotisera dig. De ger dig logiska skäl varför det inte är värt besväret eller försöker övertyga dig att det är orimligt att du fortsätter. De försöker göra dig ängslig eller väcka dina skuldkänslor. Ja de försöker på olika sätt få dig att komma bort från stigen, bort från att fullgöra ditt mål. Upplev dig själv som klar och tydlig vilja och fortsätt framåt på stigen. Ta lite tid att förstå varje varelses strategi och känn hur argumenten drar dig till sig. Du fortsätter ändå på stigen. Du kan rentav föra en dialog i fantasin med dessa gestalter men fortsätt sedan och upplev att du självbestämmer över denna dialog.

När du når toppen ser du en stund på bilden som representerar ditt mål och känner glädjen över den. Fundera vad den betyder för dig, vilket budskap den har till dig.

Öppna ögonen och skriv sedan ner om din målsättning och om de krafter som försöker hindra dig från att gå framåt.

Då jag lärde mig på utbildningen "självidentifikation" fick jag ett användbart redskap som jag fortfarande använder i mitt liv. Med den övningen kan man ställa sig vid sidan av den störtflod av t.ex. projiceringar och tankar som går runt i samma spår i hjärnan. Man accepterar det som känns, det som händer men säger tyst inom sig tex.: "Jag har dessa tankar men jag är inte dessa tankar. Jag är mycket mer. Jag är ett centrum av ren självmedvetenhet". När man gör detta infinner sig en vetskap av sitt eget Sanna Jag.

"Om vi blickar tillräckligt uppmärksamt in i vårt inre upptäcker vi att där finns något bestående. Fysiska förnimmelser förändras, känslor förbleknar, tankar strömmar förbi, men något blir kvar för att uppleva detta flöde. Detta någon är självet det som har upplevelserna, medvetande i dess fundamentala tillstånd outspätt, kemiskt rent psykisk nakenhet. Självet ett slags psykisk nakenhet då vi har tagit av alla våra mentala kläder, tankar, känslor, bilder fysiska förnimmelser och bara det rena väsendet återstår. Den absoluta kärnan som förblir densamma hela livet igenom vad som än händer. Där är friheten som störst!" (från boken Viljan av Roberto Assagioli)

Psykosyntesen handlade om det som denna bok skriver om: helhet. Vi har alla redan fått allt vi behöver, vår uppgift är att sätta ihop det och använda det på bästa sätt. Ingenting är meningsfullt så länge vi bara uppfattar strödda fragment. Men så snart fragmenten samlas till en syntes framträder en ny enhet. Psykosyntesmetoden syftar till att skapa denna helhet med hjälp av alla sina metoder. Men det är människan själv som måste använda sin egen vilja till detta arbete.

Soul retrieval

Soul retrieval är ett sätt att sätta ihop bitarna till en helhet. När människan har uppnått en viss nivå i sitt liv, har materiellt, socialt och för övrigt ytligt sett "allt" bra så infinner sig för många någon slags tomhet. Livet verkar meningslöst och individen börjar ifrågasätta allt den har åstadkommit. Det kan kännas som något fattas i livet, det känns som något slags gnag inuti kroppen. Det finns inget kvar som känns bra, många söker psykologisk hjälp för att få svar på det som trycker. Många väntrum är full av dessa människor som trott att det materiella skänker lycka. Men egentligen är lyckokänslan förbigående och individen försöker hitta nya vägar att känna lycka. I själva verket handlar det om att finna nåd och tillit genom att minnas den kallelse som syftet med livet handlar om. Vi har alla en egen uppgift i livet, en egen mening med livet. Om människan lyssnar inåt så kanske den hör frågan som den inre rösten ställer; Vad är mening med mitt liv? Det är första steget till att kunna finna helheten och känna den verkliga meningen med livet. Alla svaren på denna hemlighet finns att söka inåt. Vi som känner denna tomhet har förlorat en del av vår själ. Denna själsbit väntar på att människan skall söka den så att Självet kan bli hel igen. Det handlar om att läka det förflutna som hindrar från att leva och förverkliga sitt högre syfte.

Alberto Villoldo är en av de ledande experterna på inkaindianernas shamaniska tekniker och han har studerat dem tillsammans med inkaättlingar. Alberto har varit en av mina shamaniska lärare. Med hjälp av hans böcker har jag kunnat fördjupa min kunskap om shamanism. Jag byggde upp egna kurser på mitt land efter hans övningar från hans böcker. Jag gjorde övningar som om jag skulle vara på en kurs som någon annan hade planerat. Det var mycket disciplinerat med väckning och bestämda mat tider. Mina kurser varade högst en vecka sedan gjorde jag annat.

Det är skillnad mellan att bota och att hela. Att bota innebär att man hjälper t.ex. någon som är sjuk men på ett ytligt sätt. Hela är något större, mer omfattande och mer fullständigt. Helandet omfattar hela individens liv och är en upplevelse av oändligheten. Det handlar om välbefinnande, en känsla av nyfunnen frid, en känsla av ny kraft och en förening med allt liv. Det innebär inte att människan alltid överlever en dödlig sjukdom men individen får en insikt i helheten.

Alberto talar om att shamanens väg är en kraftens väg där man förenar sig med andens krafter. Shamanen är en kanal som får energin, helandet från anden och det är viktigt att inte ta av sin egen kraft. Det finns olika slags shamaner. En del ärver kallelsen från sin familj eller släkt som alla måste ha övernaturliga förmågor. Det finns shamaner som går den sårade helandets väg och jag är en av dem. Då jag föddes var jag död och fick ligga i kuvös. Jag var också isolerad och fick ligga på sjukhus en längre tid då jag var i 2-års åldern utan kontakt med min familj. Jag såg dem genom ett fönster då de kom och besökte mig. I rummet fanns det två andra barn som var äldre än mig. Jag fick mycket tidigt klara mig själv och hade redan antagligen då kontakt med den andra verkligheten.

För att man ska kunna hela någon måste man lära sig olika tekniker och förstå hur helandet går till. På så sätt får man insikt hur helandet kan vara möjligt. Jag ser helandet som en process där det finns tre olika komponenter. Klienten, mottagaren, är en av dessa punkter och som måste vara öppen för den energi som helandet skapar. Shamanen är också en mottagare, en kanal från anden och som överför helandets energi till klienten. Den tredje punkten är Anden. Det är väldigt viktigt att klienten är helt öppen för den energin som strömmar genom shamanen från anden. Dessa komponenter är alltså; klinten, shamanen och energin från universum.

Jag har märkt att många som inte är helt övertygad om den kraft som finns tillgänglig eller som låser sig av någon andledning, känner inte den energi som helar dem. Som ger dem frid och de får inte den insikt av oändligheten som är möjlig. Det finns något slags hinder. Är inte mottagaren helt öppen för energin kan inte ett helande ske. Klienten kan nog känna något slags lugn och kanske få en lindring men blir inte totalt helad. Bakom varje krämpa finns något mer än bara det som syns på ytan!

Shamanens arbete består utav att lära sig olika tekniker och ha god kontakt med sina lärare, guider och kraftdjur. Även olika heliga föremål som shamanen har fått som gåvor är betydelsefulla. Givetvis är trumman och skramlan viktiga heliga föremål som shamanen har som redskap vid helandet.

Jag har skapat en ceremoni, det helgade rummet som Alberto berättar om i sin bok *"Schamansk healing"* men har gjort den efter eget koncept. Jag har också fått olika gåvor under årens lopp som jag använder i mitt arbete. I det helgade rummet möter vi det gudomliga och låter oss gå in i vår tysta inre värld, där helandet sker. Det är ett tryggt och ett skyddat utrymme där ljushelarna har möjlighet infinna sig. Där åkallar jag mina personliga lärare, mina ljushelare och mina kraftdjur. Alla dessa ger mig kraften, energin till det helande arbete jag utför. Shamanen har ett förbund med anden som gör att anden svarar när hon åkallar den. Starka medicin människor från andevärlden uppenbarar sig i form av ljusvarelser som hjälper shamanen i helandets arbete. Själv har jag fått kontakt med tre olika ljusvarelser som befinner sig i den shamaniska världen som är; den undre världen, mellanvärlden och den övre världen. De fyra väderstrecken ger det heliga rummet riktning och i varje riktning finns mina personliga kraftdjur och andra guider, lärare som jag har. Mitt helgade rum har jag byggt upp under många år och det har förändras med den kunskap, insikt som jag har fått under åren.

Alberto skriver om ljusenergifältet som omger vår kropp. Människan är insvept i en genomskinlig mångfärgad sfär som pulserar i blått, grönt, rött och gult. Denna sfär sträcker sig på en armslängds avstånd ut från den fysiska kroppen. Precis ovanför huden skimrar och flödar och strömmar det av ett gyllene ljus genom akupunkturmeridianerna. Mellan huden och ljusenergifältets membran rör sig skimrande strömmar som smälter samman i ljusvirvlar. Denna reservoar av livskraft är ett hav av levande energi som är lika nödvändigt för vår hälsa som syret och näringsämnena i vårt blodomlopp. När ljusenergifältet pga. smitta, miljögifter eller stress, töms livskraftsreserven och vi blir sjuka.

Jag kan se denna energi som omger människan och allt levande. Allt vibrerar och jag kan se i "luften" en slags dimma. Jag kan inte alltid se de färger som Alberto skriver om men jag kan se energin och även känna den. Chakrorna är en del av ljusenergifältets anatomi och jag har studerat chakrorna och arbetet med dem innan jag fann Alberto. Men genom att studera hans böcker har jag fått mer kunskap som jag förenar med det som jag redan vet. Det shamaniska sättet att se, gör att du kan se denna energi och kan se hur de olika chakrornas energi strömmar. När en individ har något stopp i något av hens chakra så roterar chakrat dåligt. Det kan finnas svarta klumpar som måste komma bort. Denna kunskap har jag anammat mycket senare än då jag läste Albertos bok. Man blir aldrig färdig lärd och det finns hela tiden något nytt man lär sig då man är redo för den nya insikten. Jag har och känner väl chakrornas energi och får intuitivt kännedom om olika händelser och trauman som sätter stopp i ett chakra. Detta sättet att se berättar Alberto om och som innebär att man kan förnimma de berättelser som finns inom de olika chakrornas energi. Det finns mycket litteratur hur man kan läsa chakrorna och jag har arbetat med olika källor. Jag har gett många människor energibehandling för de olika chakrorna i kroppen. På så sätt fick jag intuitivt veta olika förhållanden som en människa har upplevt eller bär på. Han kallar en behandling "ljusbadsbehandling" som innebär att man renar chakrorna från präglingar som stör energi från att flöda. Denna behandling har jag också anammat med den kunskap som jag har. Är man inte färdig för ny kunskap kan man heller inte anamma den. Alberto har varit länge med mig på min väg till helhet. Han har varit en mycket viktig lärare fast jag ännu inte har träffat honom. Jag har lyssnat på honom genom Internet via hans *"The four winds newsletter"* när han berättar och skriver om olika ting som handlar om shamanism. Jag har tre böcker som han har skrivit och har studerat dem och gjort de olika övningarna. I början av min shamanism studerade jag *"Schamansk healing"* och gjorde de olika övningarna som fanns där. På den tiden jobbade jag mycket med "döden" och det som fanns i min historia. Jag gjorde också kristall healing men kanske på ett ytligt sätt. Jag var tvungen att hela först det förflutna innan jag kunde gå vidare.

Soul retrieval är ett sådant arbetssätt som helar det förflutna och ger dig tillbaka de bitar av din själ som har kommit vilse. Men det kräver att individen är villig att ta itu med trauman och med sin historia som kan ligga långt tillbaka. Det innebär också att man måste släppa på olika sätt att tänka och leva. Har en människa levt i generationer på ett visst sätt innebär detta kanske att man först och främst måste göra upp med sin familj och släktingar. Flera generationer kan ha skapat olika traditioner, sätt att leva och anamma olika normer, som hindrar människan från att göra sin egen uppgift. Den uppgift som fört oss till denna värld, denna tidsperiod. Även hela samhällen och olika kulturer kan vara ett hinder för att kunna fullför göra sitt heliga uppdrag.

Albertos soulretrieval skiljer sig från de soul retrieval jag har gjort med andra lärare och grupper. Hans soul retrieval är mer djupgående och består av fem olika moment i den undre världen som läker det förflutna. Efter att man har genomfört stegen kan man gå vidare till den övre världen.

De olika stegen i processen i den nedre världen:

Sårens kammare

De själsliga kontraktens kammare

Nådens kammare

Skatternas kammare

Kraftdjuren

Du börjar med att gå ner till den *sårade kammaren*. Där träffar du på de olika teman en människa har i sitt liv, det som har "sårat" individen och tagit en bit av dess själ. Människan upplever oftast samma "drama" som den upprepar i sitt liv. Man kan gå i terapi i många år för att bearbeta olika trauman man har upplevt. Men det hjälper inte att gräva i såren för då läker de aldrig. Istället ska man se och studera sina trauman och annat som man bär på, kanske som funnits i generationer eller tom är en arvsynd. Då du går till den sårade kammaren får du se och träffa på olika människor som utför något slags teater, drama som är det du har i ditt eget liv. Du studerar det som händer, vad som utspelas, vad som finns i grottan men du tar inget med sig därifrån. Du kan fråga de gestalter som finns där och fråga vem de är och annat du vill, behöver få veta.

I min sårade kammare träffade jag på 4 olika teman som har alltid funnits i mitt liv och som har påverkat de val jag har gjort i mitt liv. Där fanns det skrikande spädbarnet som låg i dödens famn. Som jag definierade som "vårt allas sårade barn". Där fanns hon som hade dragit sig undan världen och kände sig utanför gemenskapen, där fanns den som hade levt efter andras förväntningar och följt de normer som samhället har ställt. Den förtappade kvinnan var också närvarande och gick i förgrunden och mumlade för sig själv. Hon hade trasiga kläder och tovigt, smutsigt hår. Alla berättade de för mig vilket tema de representerade i mitt liv. Jag har gjort denna övning ett par gånger men först då jag gjorde den andra gången förstod jag djupare hur dessa teman har skapat handlingsmönster som finns på en neurologisk nivå men som även finns präglade i min kropp. Allt vi har finns på många plan, i hjärnan, i våra sinnen, i den fysiska kroppen och i vår själ. För att få till stånd en förändring krävs det ett djupgående arbete för att kunna ändra på mönster som har kanske funnits i generationer. Egentligen kan man inte ta bort något som finns i vår historia men vi kan skapa nya spår i hjärnan och befria kroppen från spänningar.

När individen upplever något trauma som hon inte lyckas bearbeta kan det leda till traumatiskt stressyndrom. Hon återupplever den smärtsamma händelsen som ett känslominne under resten av livet om hon inte bearbetar det på något vis. Detta finns präglat i individen trots att själva traumat ägde rum för länge sedan. Det beror på att tiden inte existerar i den limbiska hjärnan. Det är därför t.ex. en situation på arbetet kan väcka en hel sekvens av plågsamma minnen som utspelar sig på hjärnans synapsiska motorvägar. Det är därför som vi på vår resa till sårens kammare bara ska observera händelsen och inte gå in i den igen. Att återuppleva en traumatisk händelse är ofta mer destruktivt än själva händelsen. För när vi gör det tvingas vi upprepa de smärtsamma känslorna utanför deras verkliga sammanhang.

Ibland härrör de händelser som orsakar oss känslomässiga trauman, i själva verket från tidigare liv. När vi gör en soulretrieval kan vi förändra vår upplevelse av den ursprungliga händelsen som orsakade vårt själsliga sår och på så sätt förändra alla våra framtida känslomässiga och fysiologiska responsen på den. Vi kan i själva verket påverka nervbanor i hjärnan så att de framkallar glädje istället för smärta. Resultatet av en soulretrieval behöver tas emot och integreras på alla nivåer:

Ande

Själ

Sinne

Kropp

Individen behöver insikt som den kan förstå intellektuellt. Den behöver nå en genomgripande förändring av sina föreställningar, sitt beteende och detta måste ske på en neurofysiologis nivå. När vi väl har upptäckt vårt ursprungliga sår kommer det att frigöra en kraft som bor djupt ner i psyket. Man kan då nå en verklig förståelse genom att studera den historia som spelas upp i sårens kammare.

Jag upplevde att många av mina teman hade jag ärvt från generationer bakåt. Kvinnan i min sårade kammare har jag träffat på i andra sammanhang. Hon finns mitt ibland oss och som började formas redan i Bibeln. "Det sårade barnet" är också ett sådant övergripande tema som vi flesta bär på och som får en personlig koppling då vi upplever olika trauman. Efter att jag hade varit i den sårade kammaren följde en övning där man för en dialog med de som man hade mött. Jag frågade olika frågor och hur jag skulle kunna hjälpa dem.

Jag har jobbat i många år med "det sårade barnet" temat och hade varit på en trumkurs där jag hade gjort 2 trummor som var två olika barn. Det ena var ett armt och fattigt barn och det andra kom från ett mer välbärgat hem men ändå inte hade fått tillfredställt de behov som ett barn borde få. Jag hade också haft samma tema då jag gick på en kurs som handlade om *kroppsorienterad psykoterapi*. Så det sårade barnet har funnits med i olika omgångar i mitt liv men uppenbarade sig igen. Nu fick jag djupare insikt då jag såg spädbarnet som skrek i dödens famn. Döden höll inte alls i barnet utan det låg bara på den svarta gestaltens knä. När som helst skulle barnet kunna rulla ner på jordgolvet av den kraftiga gråten.

Den förtappade kvinna var också ett tema som jag har jobbat med på andra kurser. Det är ett världsligt tema som finns sedan Eva och Adam fördrevs från Edens lustgård. Bibeln, de som skrev legenden som var män, beskyllde ju Eva för allt. Detta tema finns fortfarande i vårt samhälle där våld mot kvinnan är accepterat. Hon får också skylla sig själv om hon blir våldtagen om hon på något sätt exponerar sin kropp. Kvinnan är i många länder mannens egendom, revbenet från Adam och är hans egendom som han får göra vad han vill med och bestämma över. Mina andra teman är den som följer samhällets normer och lever upp till andras förväntningar och den som drar sig undan detta och hamnar utanför gemenskapen.

Efter att jag hade gått till sårens kammare och fört dialog med de personer och händelser därifrån, gjorde jag en ny resa dit. Jag gick tillbaka till sårens kammare och tog upp det skrikande spädbarnet och la det i en krubba. Den förtappade kvinnan fick nya rena kläder och hon badade och tvättade sig så att hennes hår föll ner från hennes axlar mjukt och fint. Hon tog hand om barnet som nu sov lugnt och stilla i sin krubba. De två andra gestalterna flyttade jag närmare krubban och de bildade tillsammans en grupp som var nära varandra.

Nästa steg är att gå ner i *själsliga kontraktens kammare*. Där får du veta vilka kontrakt du har skrivit för att överleva. Kontrakten kan ha funnits i många generationer och följer med individen hela livet om den inte skriver om dessa. Det är just det du ska gör då du går ner till kontraktens kammare.   Själsliga   kontrakt   är överenskommelser som vi gör för att överleva en kris och hantera en smärtsam situation när det inte ser ut att finnas några andra lösningar. Man kan jämföra med psykosyntesen och begreppet delpersonligheter som skapas då Jaget måste bygga upp olika roller för att bli accepterad och få kärlek, närhet som vi alla har behov av. Alla har vi behov av att bli sedda och oftast måste individen förneka sitt sanna jag och göra om sig så att hen passar in i gemenskapen.

Kontrakten är aphjärnans skapelser och som är villig att kompromissa om allt för att känna sig trygg. Själsliga kontrakt kan ta former av löften som vi ger oss själva eller till våra föräldrar. Oavsett vem vi har avgett löftena till, gör de att vi ständigt upprepar de smärtsamma upplevelser som vi finner i sårens kammare. Oftast är det frågan om löften angivna i tystnad och som vi ingår utan att ifrågasätta dem. Kanske tom utan att vara medvetna om det, i många, många år. Trots att de fungerade bra för oss vid den tidpunkten då vi blev sårade och kunde skapa en känsla av trygghet i en värld som vi bedömde som otrygg. Blir dessa löften en källa till begränsade föreställningar om överflöd, närhet, kärlek och framgång. Med andra ord kan ett enda själsligt kontrakt ge upphov till dussintals begränsande föreställningar. Även om det är svårt att se effekterna av våra själsliga kontrakt är det lätt att se dem hos andra i sin omgivning.

Vi går med på att avge dessa själsliga kontrakt vid den tidpunkten såren kom till eftersom vi kände oss maktlösa och fångade i en skamlig situation som inte tycks vara förhandlingsbar. Man såg helt enkelt inga andra lösningar än att gå med på att "sälja" en bit av sin själ.

Man kan förändra detta! Vi kan med hjälp av soulretrieval få ett redskap hur man kan omförhandla de själsliga kontrakt man ingick, då man fick sitt ursprungliga sår. Utforska de villkor, löften man ingick för att få den trygghet man då behövde. Vi behöver ta reda på vilket pris man har fått betala och vilka konsekvenser det har lett till.

själva verket är vi sällan medvetna om vad det kostar oss förrän de konsekvenser det utöver blir förödande. Det är då vi konfronteras med oss själva, kanske pga. sjukdom eller någon annan slags kris i livet som vi ifrågasätter oss själv. *Varför gör jag det här? Vad är meningen med mitt liv? Skall det alltid vara så här? Vad har jag gjort av med mitt liv? Vad är det som händer? Varför händer det? Vad vill detta säga mig?* Dessa själsliga kontrakt hindrar oss från att förverkliga oss själva.

Verklig förändring kan inte ske förrän vi ifrågasätter våra plikter och ersätter gamla, begränsade föreställningar med nya som gör det möjligt för oss att leva mera ett meningsfullt liv. Då vi skriver om de själsliga kontrakten som hindrar oss kan vi upptäcka vår sanna natur.

Kvinnornas universella myt handlar om att kedjas fast vid tidigare generationernas klippa för att bära bördorna åt alla kvinnor som någonsin har levat. I stället för att älska och vara fria. Denna universella myt handlar om det sår som varje generations kvinnor förorsakar den yngre generationen. De gamla kvinnorna väver ödets trådar på livets vävstol! Det är väldigt vanligt att kvinnor går med på att förbli omedvetna om sin egen kraft och visdom för att inte oroa sin omvärld. Det är väldigt vanligt att vi blir hindrade eller något försöker avleda oss från att gå vidare på vår egen stig/väg.

Förr eller senare kommer vår medvetenhet att bubbla upp till ytan. Vi kommer då att upptäcka att vi bara med stor svårighet och uthållighet och motivation kan bryta dessa villkor som vi ställt upp på. Det krävs både mod och beslutsamhet för att gå vidare på vår personliga stig. Emellanåt känns det som om det hela är stört omöjligt men till slut lyckas vi om vi inte ger upp. Det är människans natur att vilja fullgöra sin uppgift. Det är genom dessa "inre resor" som vi själva kan omförhandla de skrivna kontrakten. Vi kommer underfund med vad som är viktigt och meningsfullt i våra liv. Vi kommer att finna den gyllene ullen med vilket vi kan spinna trådarna till ett nytt liv. Vi kommer att få dricka av det heliga vatten som få av oss får smaka. I den nedre världen kommer vi att återfinna vår inre skönhet och styrka. Medvetenheten om våra själsliga kontrakt är första steget för att ändra dem.

Men vi behöver inte vänta på att en kris ska uppstå för att börja förändringen. Vi kan förhandla fram mer fördelaktiga avtal innan vår värld vänds upp och ner. När vi förändrar våra själsliga kontrakt kommer många aspekter av våra liv också att förändras. Vi behöver omförhandla de villkor som styr många av våra relationer, vilket somliga människor inte blir så glada över. De har vant sig vid vårt sårade jag och när vi förändras kanske de upplever det som om vi sviker dem, överger dem eller gör dem besvikna på något sätt. Då får vi använda oss av vår yppersta förhandlingsförmåga för att omförhandla även de här kontrakten.

Vi har fått ärva många själsliga kontrakt som vi inte har någon aning om. Tex. under krig har det skett många olika trauman som går i arv i flera generationer. Precis som vi har ärvt psykologiska sår från våra förfäder/mödrar har vi också ärvt många av deras själsliga kontrakt. Tex. ekonomisk rädsla, brist på tillit eller något annat kontrakt som hämmar oss från att leva fullt ut med de utvecklingsmöjligheter man har. Dessa kontrakt kan vara mycket "gamla" som lever i de traditioner, mönster från många generationer. Nuvarande generation måste betala en skuld som de inte vet något om.

Detta själsligt kontrakt kan vi inte sudda bort men vi kan förändra innebörden av vad vi finner i kammaren. Vi kan förändra villkoren för de personer som representerar de olika kontrakten.

Mina kontrakt handlade om de teman som har funnits i mitt liv. Nu gällde det att skriva om kontrakten så att de bättre gynnar mig i mitt liv. När man skrev sina kontrakt vad det bästa man för tillfället kunde åstadkomma med de redskap man hade då. När man nu ska skriva om sina kontrakt kan man skriva om dem så att själsbiten kan komma hem igen. För det handlar alltså om att en bit av sin själ har räddat sig och det är just det man jobbar med i soul retrieval. Men då måste man göra om de omständigheter som har föreliggas då en bit av sitt sanna jag räddade sig. Detta steg är väldigt viktigt för annars kan man inte bli hel igen.

Jag läste mina skrivna kontrakt och ändrade på innehållet så att min själsbit skulle kunna komma tillbaka till sitt ursprungliga hem. Denna process kanske man måste göra många gånger och då man har skrivit om kontrakten måste man påminna sig om att så har skett.

Jag förändrade villkoren för de olika figurerna jag träffade i kammaren. Där fanns Döden som skrev på en tavla, där fanns temat om hur generationer i min historia har fått dra upp sina rötter och immigrera till ett bättre liv. Där fanns *"presteraren"* som hade fått göra upp sitt kontrakt för att bli accepterad. Senare blev jag medveten om det kontrakt som den förtappade kvinnan hade fått göra för att kunna bilda familj. Jag gjorde om miljön för presteraren. Den figuren fick ett fönster som vette mot havet och fåglar flög omkring. Där fanns en grönskade trädgård som presteraren gick till och lämnade sina uppgifter som betungade den. Den fick känna sig lekfull och den fylldes av glädje och skratt.

I *nådens kammare* integrerar man själsaspekten och då måste du vara redo för att ta emot den. Man måste kanske gå tillbaka till sårens och kontraktens kammare flera gånger för att ha kapacitet att ta emot den förlorade aspekten av sin själ. Man kanske behöver styrka och kraft att skapa en trygg och varm miljö för den i sitt liv - annars ger den sig av igen. Man måste också bekanta sig med den förlorade aspekten av sin själ och skydda den.

När vi befinner oss i ett tillstånd av nåd är vi helt och hållet besjälade av livet. Det är vad kineserna kallar "upptäckt chi" eller det som får oss att hoppa ur sängen på morgonen och som gör det möjligt för oss att övervinna de hinder vi möter i livet.

När vi har förlorat detta tillstånd av nåd är det en ansträngning att möta varje ny dag. Trots att själen strävar efter att leva i ett tillstånd av nåd, lägger vi oftast märke till den när vi saknar den. T e x när vår livskraft är uttömd pga. en destruktiv relation eller arbetssituation. Eller när vi utsetts för påtryckningar att ge upp våra drömmar genom att följa den väg i livet som förväntas av oss, istället för att följa den kallelse som hjärtat berättar för oss. Det är då vi blir beroende av snabba upplevelser av det svårfångade trolldrycken som kallas för "lycka". De flesta av oss blandar ihop nåd och lycka. Nåd är mer djupgående och transformerande, medan lycka är något flyktigt och betingad av yttre omständigheter.

På samma sätt som man i den kinesiska medicinen betraktar en överviktig person som någon som i själva verket svälter sig till döds genom att desperat fylla ett tomrum i sig själv med mat. Kan vi också se denna samma princip i tvångsmässigt konsumerande, man försöker i själva verket köpa botemedel mot psykologiskt eller andligt tomrum i sina liv. När vi saknar en känsla av inre frid snubblar vi genom livet utan att någonsin leva i nuet och vi försöker dämpa obehagliga känslor genom att överkonsumera eller äta för mycket eller arbeta för mycket eller missbruka eller ha ett överdrivit sexliv. Allt för att dämpa den gnagande känslan inom sig. När människor faller offer för aphjärnans instinkter - rädsla, mat, kamp och fortplantning blir tillvaron en kamp för överlevnad, vilket gör det omöjligt att leva i nåd.

Dessa två företeelser, nåd och lycka, utesluter varandra. I ett tillstånd av nåd är du fri att vara "såsom liljorna på ängen", som inte behöver någonting eller de som "vandrar i dödsskuggans dal och inte räds något ont". Lycka är tillfälliga nöjen som har ett slut och kommer inte att leda oss in i ett tillstånd av nåd.

Förlusten av nåd ger upphov till rädsla och gör att vi går in i ett överlevnadstillstånd. När vi känner att vår överlevnad är hotad skapar vi plan B. Att bränna plan B -rädslans plan -gör att vi kan befria oss från att slösa bort stora mängder psykisk energi som vi istället kan involvera i plan A. Det kanske låter enkelt men det är inte alltid lätt att följa de "änglar" som kallar på oss utan istället låter de "djävlar" som kedjar oss, finnas kvar. Men det är i själva kriteriet för att återfinna tillståndet av nåd är att släppa på rädslan som hindrar oss och istället följa med flödet till det nya. Nåd och rädsla kan inte existera på samma plan.

Fiskarkungen i myten Parsifal, representerar det sårade *jag* som vi bär på under en stor del av livet. Vi observerar glädje och skönhet överallt omkring oss men ändå hindrar vi oss själva från att vara en del av det. Skälet till att den heliga Graal aldrig återfinns av någon av kung Arthurs riddare förutom Parsifal, är att den existerar inte i den fysiska världen -den finns bara i den osynliga Graalborgen. Det här är en plats som alla visdomstraditioner säger att vi aldrig kan finna om vi söker den......men som bara kan upptäckas av dem som söker.

Med andra ord måste vi ge oss ut på ett sökande för att finna det som alltid har varit tillgängligt för oss, annars kommer vi att föra vidare den uppgiften till våra barn. En förlust av själen är alltid en separation från vår egen gudomlighet, från vårt naturliga jag som alltid lever i ett tillstånd av nåd. Det här jaget visar sig inte förrän vi tar itu med våra sår, har modet att omförhandla våra begränsade själsliga kontrakt. och påbörjar hjältens resa mot läkning. Vi föreställer oss nåden som ett slags gudomligt tillstånd som vi kan gå in i om vi bara utövar rätt sorts meditation eller läser rätt böner. Men det finns inga vägskyltar som pekar vart nåden är. Vi måste observera vårt ursprungliga sår och det ger insikt. Men det räcker inte att vi med hjälp av tanken eller terapi försöker läka oss. Det kräver en mer djupgående process än bara den intellektuella insikten. Vi måste också omförhandla kontraktet så att den läkta själ aspekten kan tryggt komma till oss. Det finns inget sätt att återvinna nåden utan att ge sig ut på sin egen hjälte resa. För att göra det måste vi bege oss till nådens kammare för att hämta hem den delen av vår själ som alltid lever i ett tillstånd av nåd. Det är där vi upptäcker vårt läkta jag som hela tiden har befunnit sig i ett tillstånd av harmoni. Det vi hämtar tillbaka, som vi tar med oss när vi återvänder till Edens lustgård, föds ur visdom. Det gör det möjligt för oss att ha tillit samtidigt som vi är klipska och smarta. Det gör det möjligt för oss att älska igen med förstånd och leva igen med äkta iver och entusiasm.

Att hitta ett ursprungligt sår leder inte i sig till nåd och inte heller att omförhandla ett själsligt kontrakt. Man behöver hämta tillbaka den förlorade delen av sig själv och ta in dess energi och känslomässiga resurser i sitt chakra system. Så att den återigen kan genomsyra och prägla kroppen, nervsystemet och hjärnan. Det är bara det som kan göra det möjligt för människan att återigen uppleva trygghet och nåd!

Efter besöket i nådens kammare kan man inte förvänta sig att man plötsligt kan hoppa fram till det lyckliga slutet och leva i nåd och glädje resten av livet. Nåden är en hjälte resa som börjar i den här kammaren och den tar sin början på energinivån när man tar in själsaspekten genom chakra systemet. Själs aspekten kommer att instruera och vägleda individen genom de uppgifter man måste utföra för att kunna ta emot den och hälsa den välkommen hem!

När jag färdades till "nådens kammare" kom mitt Silverlejon och Vita ugglan som förde mig till den Heliga staden. Där tog Jesus mig i handen och vi tog en sväng till Buddha som satt under sitt träd. Sen tog Lejonet mig till Kristallsalen. Där fanns Kristallgudinnan. Hon förde oss till ett utrymme som jag ännu inte hade besökt i kristallsalen. Där var det först mörkt men både Silver Lejonet och Kristallgudinnan lös upp stället. Där träffade vi Vita Hästen. Jag förstod att detta är min healingkammare. Längst in finns Tomheten. Jag träffade också min själsbit. En liten ljus flicka med en blommig klänning, som var jag själv då jag var cirka 3 år. Glädje Lillu, hon som alltid var glad och skrattade. Någonstans under åren har hon fått ge sig av och finna en plats och vänta på att jag ska ta henne tillbaka till mitt liv och leva med mig i min vardag. Det var fantastiskt! Det kändes väldigt värmande och jag fick en underbar frid inom mig. Men att få tillbaka sin själsbit och bli hel är inte för evighet om jag inte planerar om min vardag och låter henne få större utrymme. Så hon har kommit och gått i mitt liv men jag tror att denna gången är jag mer uppmärksam på vilka val jag gör i mitt liv och låter glädjen, skönheten och kärleken få komma i första hand.

Man fortsätter sitt arbete med sin själsaspekt och för kontinuerlig dialog under sin livstid. För det är viktigt att förstå att själs aspekten har försvunnit för att man inte har sköt om sitt Sanna jag. Det som är människans helhet. Därför har en bit, kanske en stor bit flytt för att vänta i nådens kammare på att Jaget kallar hem den. Soulretrieval är ett gediget arbete som många inte vill eller vågar göra. Jag har gjort denna övning på olika kurser och shaman träffar men ingen av dem har varit så här djupgående. Det krävs mer än en helgkurs att kunna förändra de handlings- och tanke mönster och för att förändra de kroppsminnen vi bär på. Detta arbete kommer inte alla att göra, det är väldigt få har så mycket mod att "göra sin hjälteresa". Istället är de nöjda med ett förljuget liv bland andra förljugna individer.

I *skatternas kammare* fick jag den medicinska gåva som hör till mig. Under den processen funderar man på vad som är onödigt i sitt liv. Vad är det som hindrar dig för att växa, att göra sin uppgift. Första gången jag gjorde denna övning 2015 använde jag mig av Feng Shui och rensade både i rummen och i min själ. När jag kom till skatternas kammare, till en grottan, hängde där ett nät som hindrade mig för att gå vidare. Det drog jag bort och kastade i Elden. Elden är en av mina gåvor. I grottan fanns också en bägare som är en gåva. Jag fick en brevkniv som jag senare förknippade med "det skrivna ordet", jag fick alltså gåvan att skriva. Att skriva har jag blivit uppmanad från första stund jag medvetengjorde mig av min shamaniska stig. I kammaren träffade jag på en figur med samma egenskaper som Agatha Christies Hercole Poirot. Hans egenskaper såsom skönhet, renhet, estetik var alltså en del av de gåvor jag fick. Jag skulle skapa skönhet omkring mig och rensa ut allt som var onödigt. Jag fick också vetskap om jag skulle sätta gränser som har varit ett tema som har präglat hela mitt liv.

Meningen är man ska hitta de föremål man finner i kammaren i den verkliga världen för att kunna bättre använda kraften av dessa. Jag fann inte direkt en brevkniv men något som liknade den som jag såg där. Man ska inte gå och köpa föremål som man får som gåva utan de ska infinna sig av sig själv om det ens gåva!

Flera månader senare fick jag faktiskt en brevkniv. Det var då vi tömde en släktings dödsbo. Skaften var en gris och en annan släkting har gett mig en liten målning av en flygande glad gris. Även en kopparbägare med en fot fick jag också från dödsboet. Det är dessa sammanträffanden som vi ska vara uppmärksamma på. De ger oss fördjupad insikt om vår uppgift i livet, vår egen uppgift.

När jag reste till skatternas kammare en gång till, fick jag fjädern i min hand och helande händer. Jag kom också till den heliga staden som jag hade varit då jag gjorde resan till nådens kammare. Så varje gång man gör de olika stegen får man nya insikter och förstår djupare hur processen framskrider.

Man reser till skatternas kammare för att hämta ett redskap som kommer att hjälpa att ge uttryck för det som är sin kallelse. Var och en av oss har gåvor och talanger -skatter som vi kan hämta upp från den nedre världen och som kan leda oss till vårt högre syfte. Olyckligtvis är många av oss omedvetna om dessa dolda förmågor eftersom vi vant oss vid den livsstil som familj, arbete och livets omständigheter kräver av oss. Vi hoppar på ett "tåg genom livet" och stannar kvar på det, oavsett om det är rätt tåg eller ej.

Dessa redskap kallas "medicin gåvor". Den nyligen återhämtade själaspekten kommer att samla på sig alla de redskap den behöver för att uttrycka sin mission och sitt syfte. Dessa medicin gåvor bär med sig kraften att manifestera nya dimensioner av kreativt skapande i sitt liv -de kommer att hjälpa individen att stiga på ett nytt tåg, till en ny destination. De här redskapen, som kan anta många olika former och skepnader, är metaforer. Redskapen kan vara en målarpensel eller något så enkelt som en sten eller ett riskorn. De här medicin gåvorna är aldrig bara vad de ser ut att vara: de besitter mytiska och mystiska egenskaper som man själv måste utforska. Man kan inte förvänta sig att redskapen ska ligga och vänta på den de tillhör. Man måste resa djupt ner i skatternas kammare för att hitta redskap som är värdefullt för just dig. Det handlar om gåvor från undermedvetandet. Det är mystikerns, artistens och forskarens redskap man söker där.

För att förverkliga sitt högre syfte behöver man använda sina egna redskap. Om vi färdas tillräckligt djupt in i vårt inre kommer vi att hitta det redskap som är rätt för oss. Vårt redskap finns ofta framför näsan på oss hela livet men vi måste se deras värde innan vi verkligen kan använda oss av dem.

Det är viktigt att använda redskap till rätt uppgift.

När vi hittar dessa personliga redskap, tex. sin egen röst, kan det leda oss in på det högre syftes väg. Vårt redskap är inte något magiskt trollspö som gör allting bättre. Det är något som hjälper oss att hantera situationer som vi upplever som oöverstigliga, överväldigande eller hopplösa. När vi börjar använda oss av våra djupt begravda skatter för att tjäna vår kallelse blir resultatet mirakulöst. Det redskap du finner på din inre resa kan förändra ditt liv och få dig att inse din kallelse. De kreativa redskapen kan bli vår räddning när vi använder oss av deras fulla potential.

Att *hämta fram ett kraftdjur* är den sista delen av resan till den nedre världen. I slutet av resan kommer man att kalla på ett kraftdjur som ska följa med tillbaka. Det händer ofta att det djur som kommer blir en överraskning, kanske någots vanligt som en larv eller svala, eller något så ovanligt som en krokodil. Vilket djur det än är ska man acceptera det som sitt. Ibland är det så att det djur man möter är ett djur som man inte tycker om. Då måste man kom ihåg att det representerar en instinktiv del av sig själv som man kanske har förlorat kontakten med eller kanske tom upplever som motbjudande. Att arbeta med ett kraftdjur är en instinktiv process som handlar om vem du håller på att bli, inte om vem du helst skulle vilja vara i dina tankar. Att hämta hem ett kraftdjur hjälper att få kontakt med sitt naturliga, oförstörda tillstånd. Kraftdjuret hjälper oss att vara kontakt med sitt instinktiva jag och man kan förkroppsliga dess lärdomar genom att kommunicera med det. Lära sig dess rytmer, rörelser och sätt att uppfatta världen. Kraftdjurets kunskaper kommer att skydda själsaspekt som återvänt.

Jag har haft mina kraftdjur en längre tid och representerar de fyra väderstrecken och dess vindar. Jag har också andra kraftdjur som kommer till mig då jag behöver en något specifikt. Tigern kommer till mig tex. då jag behöver skydd och vildsvinet kommer då jag färdas i den undre världen och har med döden och göra. När jag gjorde resan för att hämta mina kraftdjur var de samma som jag redan har fått. Skönheten med soul retrieval är att Anden ger precis det kraftdjur man behöver utan att man själv behöver räkna ut vilket det är, eftersom det inte är en rationell process. Kraftdjuren symboliserar de egenskaper vi behöver ta till oss för att bli hela.

Nu hade jag i många omgångar arbetat med soulretrieval och fått tillbaka min själsbit. Nu skulle jag vidare på min hjälte resa till den övre världen.

När man har gjort soul retrieval och har kallat hem sin själsbit är det dags att styra sin färd till den övre världen. Alberto beskriver den övre välden som en resa till övermedvetande och att där återfinns både det åttonde och det nionde chakrat. Det åttonde chakrat finns strax ovanför vårt huvud och som många benämner vår aura. I det nionde chakrat träffar man sina himmelska föräldrar och kontakt med den gudomliga helheten.

För att kunna resa till den övre världen måste man vilja ta reda på sitt högre syfte, sin uppgift i livet.

En människa kan uppleva många trauman och andra ruskigheter men i alla situationer finns det ett val, man kan välja vilken attityd man har. Viktor Frankl som tillbringade 3 år i nazisternas koncentrationsläger skriver detta i sin bok "Livet måste ha mening". Vi får alla uppleva en hel del negativa omständigheter i livet. Många av oss blir mobbade eller på något annat sätt får möta starkt motstånd i livet men istället för att välja offerrollen kan vi välja att blicka inåt och ta kontakt med vår kärna. Vi kan välja om vi upplever händelsen som ett slag som inte går att reparera eller om vi vänder på slaget så att det ger någon slags livserfarenhet.

Jag har upplevt många motgångar i mitt liv, motstånd för att få vara den jag är men jag har hitintills kunnat vända på detta motstånd till att bli ett utvecklande hinder som jag kunnat komma över. Varje gång som jag kommit över svårigheterna och sett hur det har stärkt mig och jag har fått ny kunskap.

Alberto skriver om det "stora flödet" som vi alla färdas i. Vårt stora flöde som får oss att följa och realisera de själskontrakt vi ingick när vi var 6 år gamla, de genetiska anlag vi har ärvt och de val vi gjorde innan vi föddes. Det här måste vi se över för att kunna fortsätta vår hjältes resa och besöka den övre världen. Vi lever i ett samhälle med olika normer och seder. Man måste göra sig av med de begränsningar och hinder som gör att människan inte förverkligar sitt högre syfte.

Detta fick även jag göra då jag hörsammade min kallelse till min uppgift i detta livet. Visserligen har jag alltid levt ett annorlunda liv i min vardag och gått min egen väg men även jag ville tillhöra en gemenskap. Detta skapade många olika hinder för mig på min väg och jag har varit tvingen att göra svåra val.

Då vårt högre syfte har installeras i vår framtid arbetar universum för vår räkning och vi kan lita på att de högre krafter hjälper och stödjer oss på vår väg. Men det är vi själva som måste göra upp med de begränsningar som hindrar oss.

I sårens kammare och kontraktens kammare får man kunskap av det som finns präglat i energi flödet. Det handlar inte alltid om trauman utan också hur generationer efter generationer har byggt upp ett levnadssätt. I dessa kontrakt finns många normer och sedvänjor hur man ska leva sitt liv, dessa sätt att leva kan vara förödande för vår genuina kärna, för vår uppgift. Levnadssättet kanske har inneburit ett liv utan ansträngning och man går vidare generation för generation utan några större trauman. Men för att kunna leva i nåden måste vi släppa på dessa kontrakt så att individen kan nå ännu högre och slutför sin uppgift. Detta är egentligen det Jung talar om och handlar om "meningen med livet" Många nöjer sig med att ha det bekvämt och skapar runt omkring sig artificiella ting och traditioner som man tror är det rätta.

Även jag trodde att familj och barn skulle vara svaret på det jag hade sökt i hela mitt liv, vara "meningen med livet" Men jag upptäckte den tomheten som de flesta som söker känner innan de börjar sin hjältes resa. Det fanns något som drog mig mot min väg till en annan kunskap och som blev en ledstjärna i mitt liv.

Att se över sina relationer, sina känslor, pengar, arbete och hälsa är det första steget innan resan till den övre världen kan ske. Nu handlar det om att ta reda på sitt högre syfte och släppa på sin historia och sin utstakade framtidsplaner som generationer har följt. Nu handlar det om att släppa totalt på egot och ändra på tidsflödet. Det stora flödet är huvudkanalen för våra tidslinjer, som beskriver händelserna i vårt förflutna, nuet och framtiden. Denna flod strömmar framåt utan att förändra vårt öde om vi inte själva gör det.

Det gäller att ändra detta flöde och skapa harmoni i vårt liv och finna vårt högre syfte. I boken tar Alberto upp olika övningar för att kunna gå vidare till den övre världen. Innan jag läste hans bok om soul retrieval har jag besökt den övre världen och fått mina lärare där. Men jag fick också ny kunskap och nya lärare då jag gjorde hans övningar.

Den övre världen är vad man kallar inom psykologin för övermedvetande. Det är en värld som är större än den begränsade värld som vi upplever dagligen. När vi färdas till den övre världen går vi in i det kollektiva övermedvetande och får då tillgång till vårt eget personliga högre syfte. Alla de steg man har gjort i den undre världen har varit en förberedelse för den här inre resan. Man har använt soul retrieval för att läka sitt förflutna och återvinna sin nåd.

Med hjälp av Albertos övningar har jag kunnat utforska mina tids linjer så att jag har kunnat se de destruktiva mönster. Dessa destruktiva mönster håller individen kvar i det stora flödet. Bredvid detta stora flöde finns några få möjligheter att välja en annan linje som leder människan till sin uppgift och hen har möjlighet att få behålla sin hälsa. Flödet som vi alla färdas i, upplevs egentligen som mycket tryggt och individen behöver inget göra utan flyter bara med i sin omgivning. För att känna meningen med livet och kunna göra sin uppgift som vi alla har fått, måste man göra upp med sina tidslinjer och rikta sin energi och använda de få procenten som flyter vid sidan om strömmen. För att kunna göra detta måste man verkligen gå djupt och rensa bort rötter som har funnits i generationer. Detta arbete är just vad man gör med hjälp av soul retrieval men jag har även jobbat med dessa handlingsmönster som är inpräglade i min hjärna även då jag gick utbildningen till coach. Jag har arbetet med mitt förflutna och med tids linjer även i olika shamaniska kurser jag gått. Man kan säga att jag har mer eller mindre jobbat med att förändra mitt flöde då jag fick insikten om alla mina trauman.

Första gången jag gjorde resan till den högsta nivån var sommaren 2017. Jag hade träffat mina himmelska föräldrar Turkosa Modern och Fader Indianen då jag gjorde min Björn trumma 2016. När jag nu gjorde Albertos övning till den högsta nivån träffade jag två ljusgestalter som skulle föra mig upp till den femte nivån. Här fanns den Heliga Staden som jag har besökt många gånger. Här har jag träffat Jesus och Buddha. Den här nivån räckte inte utan jag skulle vidare genom ett mörker. Med mig hade jag en brinnande stav som var som en lykta. Jag var i det som jag kallar Tomheten helt ensam. Det kändes som om jag var i någon slags öppning, en krater som jag kravlade mig ut ur. När jag kom ut ur kratern fanns framför mig en underbar dal med friskt luft och klart ljus. Det fanns växlighet överallt och det rådde ett slags lugn som var helande. Här hade jag varit förut! Denna världen ligger bortom vår galax, i sin egen galax. Instinktivt visste jag att det var härifrån jag hade kommit.

Jag har kommit till samma plats också senare. Då träffade jag människoliknade varelser. En del var mycket långa och en del var mycket korta. Dessa varelser är mycket kloka och det råder totalt frid och fred på denna planet. Det är härifrån vi kommer för att skapa harmoni på planeten Tellus. Efter att jag hade besökt denna fridfulla planet återvände jag igen ner i hålet och genom Tomheten och kom åter till den femte nivån.

Jag hade med mig mina frågor från Albertos bok "Hela din framtid" till ljusvarelserna på femte nivån. Jag fick inga konkreta svar vid detta tillfället men hade senare en dialoguppgift med dessa ljusvarelser. Här träffade jag min Vita Häst som hjälper mig att hela. Han var med mig i den uppgiften på healingkursen 2014 i Sverige. Min Vita Häst har funnits sedan min barndom då jag var med min pappa på systembolaget i Sverige, i Göteborg. Jag var kanske 5 år gammal. Vi fick åka spårvagn till Linnestaden och det var mycket spännande. Pappa köpte whisky och jag fick en liten vit plasthäst som jag har haft sedan dessa. Jag frågade mina himmelska föräldrar och till mitt kraftdjur Vita Hästen följande:

Vad har jag kommit till denna världen för att utforska och få uppleva?

Vilka läxor har jag varit tvungen att lära mig genom lidande som jag hade kunnat lära mig genom kärlek?

Vilka läxor har jag kvar att lära mig?

Vilka gåvor har jag kommit hit för att uttrycka?

Svaren var att jag har kommit till denna världen för att predika, hela och skriva. Jag har fått tala hitintills till "tomma öron" och att "ingen blir profet i sin egen stad". Jag skulle släppa på gamla mönster och gå vidare på min uppgift.

Berättelsen om Ormen och Svanen

Jag tror att vi alla bär på ett sårat barn inom oss. Det har hänt otaliga händelser i vår barndom som på ett eller annat sätt sätter spår i våra hjärnor. Blir känslor väldigt inkapslade har vi svårt att leva ett liv i balans och harmoni. Utan istället har vi hela tiden alarm knappen intryckt. Det räcker med en situation som påminner om det som finns inkapslat för att vi ska sätta oss i försvar med att gå i attack eller att fly. Detta tema finns som en röd tråd genom hela denna boken och är egentligen det jag har helat genom allt det jag studerat under min livstid. När jag blev mer och mer hel och kom underfund med ursprungs såret och kunde på så sätt bearbeta mina trauman ville jag vidare. Jag ville hjälpa andra och använda den energi jag får genom kanalen från universum. Jag ville ha med mig en trumma som skulle hjälpa mig i mitt arbete. Min björntrumma är för stor att resa med och ha som terapi trumma så jag anmälde mig till en trum kurs med mina lärare, Christiana Harle och Jaana Kouri. Jag behövde en mindre trumma som jag lätt kunde ta med mig överallt.

Jag anlände till Päppari som ligger i Karelen sommaren 2011. Stället var inte helt nytt för mig. Jag hade medverkat i döden kurserna i andra lokaler som låg några kilometer bort men hade jag aldrig varit på denna gård. Här fanns ingen elektricitet och istället för en vanlig bastu fanns det en rökbastu.

Redan då jag gick in i huset kände jag igen mig på något sätt, innan jag kom hit som jag hade jag haft en dröm. I den drömmen hade jag sett samma kök och möbler som fanns i det husets kök. I hörnet fanns en stor vedspis där man lagade mat och mitt i rummet stod det ett långt matbord med bänkar. Det fanns sängar i ena hörnet så rummet var både en matplats och en sovplats. I huset fanns det ytterligare ett stort rum med en öppen spis men det rummet hade jag inte sett i drömmen.

När jag stod i dörröppningen till huset samma dag som vi anlände, framträdde en svartklädd gumma. Hon berättade för mig om gårdens öde och om de barn som hade bott i huset. Jag fick se små kistor som fördes ut ur huset med barn som ej hade överlevt bristen på mat och barn som hade överlevt men var undernärda. Gumman berättade om mödrars förtvivlande gråt över att de inte kunde ge bröstmjölk åt sina nyfödda barn och över de barn som dog av någon sjukdom. Här fanns en hel del gråt i luften som jag senare gav uttryck till efter några dagar på kursen. Gumman ville att jag skulle skriva om barnens historia och samma uppmaning fick jag senare från Väinämöinen.

På varje kurs letar man rätt på sin kraftplats och man frågar under en trumresa, vem som skall komma och guida oss, då vi gör våra trummor. På trumresan flög jag upp med Örnen till Turkosa Modern och frågade henne vem som skulle hjälpa mig med trumman. Svaret var Änglarna skulle göra detta. Sedan kom Silver Lejonet och Silver Ugglan och vi flög till den Heliga Staden där Jesus tog min hand. Han sa att jag skulle fokusera på psalmer. Efter besöket till Heliga staden och mötet med Jesus, kom Örnen och han förde mig till Fader Indianen. Även denna gång var mina himmelska föräldrar med mig som de hade varit då jag gjorde min första trumma 2006, Björnen. När jag var hos Fader Indianen fick jag igen praktiska råd hur jag skulle gå tillväga. Samtidigt fick jag en vision om två trummor som representerade två bröst med modersmjölk, "ge mat till spädbarnen" fick jag höra.

Det var på så sätt Ormen och Svanens historia kom till. Det handlade om två stycken barn som hade olika förutsättningar att leva sina liv. Ormen representerade det fattiga barnet. Jag fick en vision av en kolmila liknade den som finns på målningen av Eero Järnefelt. Flickan, Johanna som finns på hans målning var Ormen som senare fick namnet Mari. Många år senare, 2017 gick jag på utställningen som handlade just om kolmila och om den tiden som den representerade. På utställningen fanns också Järnefelts andra målningar. Jag köpte en anteckningsbok som på framsida illustrerar just denna målning. Den boken använder jag fortfarande som en anteckningsbok. Vid denna tidpunkt visste jag inget om detta. Jag hade nog sett målningen någon gång men inget annat. Ormen berättade för mig om de barn som aldrig fick börja leva och om de orättvisor som hade funnits förr men som fortfarande råder. Barnen har inga rättigheter! Hon berättade om hur hon hade fått skapa olika förklädnader och roller för att överleva.

Den andra trumman blev Svanen som hade växt upp i ett hem som det inte rådde någon brist på mat eller andra förnödenheter. Hon fick däremot inte tillfredställt sina genuina behov som ett barn ska få. Så hon bar också på ett sårat barn inom sig. Även hon fick stänga in sitt sanna jag och skapa roller som passade i de sammanhang hon levde i.

Under arbetets gång fick jag hjälp av gårdens väktare som var en huggorm. Den var över 1 meter lång och troligtvis en hona. Hon bodde i komposten bakom huset där vi sov. Jag gick dit varje dag och en morgon då jag hittade en död talgoxe, gav jag den till henne. Jag hade också fått under trumresorna hjälp av "Urkraften" som var en av de första som uppenbarades för mig. Urkraften fanns från begynnelsen, det var utav den kraften som jorden skapades. Det var den kraften som födde kvinnan och mannen, som skapade vinden, vattnet, elden och jordens sötma och all den energi som ger livskraften. Det blev "Urmodern" som födde dessa trummor och de representerade hennes bröst.

Gumman kom till mig vid olika tidpunkter under kursens gång. Hon ville verkligen att jag skulle hela den sorgen som följs av att mödrar inte kunde ge sina barn mat och tvingades se sina små förtvinas och läggas i små kistor och bäras bort. Denna förtvivlande sorg gurglade i min strupe och bubblade fram och gården fylldes av min klagan. Kursdeltagarna undrade vad som var på gång då jag materialiserade alla de historier som berättades för mig genom denna klagosång. Efter den gången fick jag titeln som gråterska som finns i den Kareliska kulturen.

Mina två trummor som liknade mest två ögon eller fiskar ville inte riktigt spela. Jag fick i många omgångar jobba med dessa och i stället för trummor, blev de till två skramlor. Den ena heter fortfarande Mari och den andra heter Marjatta. Marjatta är också mitt namn och den trumman blev klar på Marjatta dagen 15.8.14. Det tog lång tid att få dem till att bli till det som de är idag.

Innan de blev till skramlor trummade jag med dem för en ceremoni. Jag spelade med trummorna och deras sång ljöd och samtidigt kom en likartad klagosång från min strupe som liknade den från kursen. Känslan var mycket depressiv. Denna ceremoni gjorde jag den 22.7.11 ca klockan 17- tiden. Samma tidpunkt då blodbadet i Norge ägde rum men det visste jag inte då.

Jag hade kommit till kursen för att göra en resetrumma som också skulle fungera som terapitrumma. Det blev istället två skramlor med två olika historier. Till kursen åkte jag med två andra deltagare. En av kvinnorna hette Johanna, hon berättade om ett evenemang som hon hade planerat till 4.3-11.3 2012 Det hade rubriken *"Valo Saanalla"*, översatt så betyder "Valo Saanalla", Ljus på Saana. När jag fick broschyren om händelsen, blev jag helt stum. Jag hade kommit till denna kurs för att göra en trumma, men fick förklaring till mitt heliga ord Zaana som jag hade fått då jag gick berättarkursen. Hur kan detta vara möjligt!?! Men så är det, du får det du behöver när du är färdig att kunna ta emot det. Så nu visste jag varifrån mitt heliga ord hade kommit från. Det var från samernas heliga fjäll, Saana.

Efter evenemanget Valo Saana, har jag varit där flera gånger och har fått en ny värld med nya guider. Då jag var där första gången sålde en same trumtillverkare Lilja sina trummor. Jag hade inte tänkt köpa någon trumma men när jag såg trumman som hette *"Den första människan"* blev jag tagen. Den trumman är nu min resetrumma och min terapitrumma. Det är med den jag går ut i skogen och trummar och använder vid healing.

Mirakelnatten

Jag hade börjat min shamaniska väg 2005 och gjort min egen trumma 2006. Under årens lopp hade jag gått kurser om; de heliga orden, shamanisk vardag, grundkurs i shamansk utövande, kristallhealing och hade medverkat i kurser som tog ingående upp temat om döden. Jag hade utbildat mig till psykosyntes coach och hade haft självstudier. Jag hade fått mycket kunskap och olika metoder för utövandet av shamanism. Men kurser med en erfaren shaman lärare som visade metoder hur man helar folk hade jag inte ännu medverkat i. Jag hade lärt mig olika metoder från Villoldos olika böcker och hade själv skapat en chakra behandling med tyger och kristaller. Men nu fick jag möjlighet att gå en kurs med en erfaren shaman som utövade olika healings metoder. Det kändes väldigt spännande!

Transformation är ett mycket viktigt fenomen i en människas utveckling till att bli sitt sanna Jag, för att kunna släppa på sådant som hindrar individen att växa. Jag ville gå vidare och få ännu mer kunskap, vishet och erfarenhet om shamanism. Jag hade medverkat i en trumkurs tillverkning med den avsikten att göra en healingtrumma. Det hade blivit 2 stycken Ormen och Svanen men de spelade inte så bra. I alla fall så behövde jag också mer kunskap om hur healingen skulle gå till så jag vände mitt fokus för att hitta en healingkurs.

Jag hittade en kurs om healing som Scadinavian centret för shamaniska studier som Jonathan Horwitz, Annette Höst och Zara Waldebäck leder. Jonathan har bott i Finland och kände både mina lärare Crisse och Jaana. Till den kursen ville jag åka men det var inte så lätt. Jag fick påvisa mina grundkurser i shamanism och att jag hade tillräcklig kunskap för att medverka i healingkursen. Kursen var i södra Sverige och deltagarna var många, minst 80 stycken och det var två ledare och några hjälp ledare. Deltagarna kom från många olika länder och språket var engelska men eftersom både Jonathan och Zara förstod svenska kunde jag emellanåt använda mig av det. Fast att vi var så många så kände jag mig aldrig rädd för att prata i gruppen.

Min svårighet var att jag hade fått flertal redskap och stor kunskap men något stoppade mig för att ta steget. Steget till att börja aktivt utöva min shamanism i det vardagliga livet. Jag frågade mig ofta: Hur kan jag släppa, lita på att livet bär, när vågar jag ta steget? Jag var medveten om att jag inte hade helt och fullt brukat den kunskap jag hade fått och inte använt mig av de redskap som var tillgängliga för mig. Jag bar fortfarande på ett sårat barn inom mig som jag hade i många omgångar "tagit hand om". Men fortfarande ifrågasatte jag om jag var värd att leva mitt eget liv eller levde jag upp till andras förväntningar. När jag gick på olika kurser eller studerade så

fanns alltid dessa tankar med mig. Skulle jag nu
få svar på alla mina funderingar på vad som
egentligen stoppade mig?

På en shamankurs har man alltid uppgift att hitta,
finna sin egen kraftplats. En kraftplats som man
kan gå till för meditation och nå visioner.

Första dagen fick vi hitta vårt kraftställe som
skulle ge oss kontakt med vår healinglärare och
kunskap. Egentligen fanns det inte så många
ställen som kändes som något kraftställe. Där
fanns en landsväg, åkrar och några hus. Längre
bort fanns det några små skogsdungar. Det var ett
jordbrukslandskap med åkrar och kvarlämningar
av en bondgård. Denna bondgård var det första
som jag promenerade till för att hitta mitt
kraftställe. Själva boningshuset fanns inte längre
men olika gamla förråd fanns kvar. Det fanns
också som jag tror var en jordkällare och ett stort
förråd som det växte gräs på. Där fanns det öppna
förråd där man hade redskap. Jag gick dit från
landsvägen och kom till ett av förrådet. I förrådet
fanns en rostig traktor och andra gamla redskap.
Där blev jag stående och kände att här stod tiden
helt stilla. Det var en fantastisk upplevelse. Jag
tänkte att här kanske skulle kunna bli mitt
kraftställe och den platsen som jag skulle sitta
ute-natt på. Men jag var inte helt säker och
återkom 3 gånger till platsen som jag kallade
Tiden.

Jag tog upp min tanke, i den stora gruppen, om
att jag inte var helt säker på om jag hade hittat
mitt kraftställe. En av ledarna skulle visa mig

olika ställen men det visades sig vara just de platser som jag själv hade hittat. Jag kände mig rätt modfällig och började för tredje gången gå mot platsen som jag kallade Tiden. Denna gången gick jag från ett annat håll och samtidigt tänkte jag att jag skulle "se" ett annat ställe som min spirit skulle visa mig. Jag kom till ett ställe som inte låg så öppet och tänkte "maybe" och vidare till Tiden och sedan tillbaka igen. Jag kände att här skulle jag kunna sitta på en pall eller stol hela natten och ställa mina frågor och invänta svaren. Jag tänkte att jag skulle få bekräftelse nästa dag och låta mina rådgivare, lärare från icke-ordinära världen visa mig om denna plats skulle vara en trygg plats och ett ställe för att få kontakt och svar på min fråga som jag skulle ställa.

Det är tradition att sitta ute då man är på kurs för att få svar på sina frågeställningar, stöd och hjälp. Man sitter då ensam på en plats som man har själv valt ut och detta sker på natten. Ute sittningen är en metod för att få svar på sina visioner på olika frågeställningar och ett sätt att få ny kunskap. På de flesta shamankurser finns det därför möjlighet att göra detta. Då jag gjorde Björnen, min första trumma, satt jag ute och fick då vetskap om hur jag skulle göra min trumma. Jag fick också en vision av vilken själ min trumma skulle ha då björnen kom till mig på natten. Vi hade en dialog med varandra där jag mest bad björnen gå sin väg. Jag var mycket rädd och det är shamanens största fiende, sin egen rädsla.

Kursen fortsatte med att vi skulle hitta vår healinglärare och ställa frågan vad som är viktigt för mig att komma ihåg då jag gör shaman healing. Jag hade under andra kurser kommit till en plats ute i universum som jag kallar Tomheten. I denna tomhet finns Ljuset som är vår allas ljusgnista. Under denna trumresa kom jag också hit och fick svar att vilken är min healinglärare. Vidare fick jag svar på vad som är viktigt för mig då jag ska hela. Jag skulle släppa, lita på, gå vidare, ta steget. *"Let go, trust, take the step"* Detta var inte något nytt, för det var just därför jag hade kommit till denna kurs för att få kraft att just göra detta. Jag hade med mig mina kraftdjur och även Jesus var med mig på min trumresa. Han sa att Ljuset är vår allas "boss".

Efter denna övning fick vi praktisera med en partner hur vi skulle behandla vid en healing. Alla våra praktiska övningar vi gjorde och de anvisningar Jonathan visade oss var verkligen konkreta och lätt att ta till sig. Med andra ord var han en bra pedagog som kunde förmedla en mycket svår kunskap. Det blev väldigt naturligt för mig det han utövade.

Varje morgon vaknade jag tidigt och promenerade på landsvägen och till de förråd som låg vid vägen. Detta var ett sätt för mig att lyssna på naturens budskap till mig. När jag hade letat efter mitt kraftställe hade jag träffar på en stor, vacker en. Den kallade redan första dagen på mig då jag vandrade vägen fram. En är för mig ett heligt träd och det har funnits med mig sedan barndomen. Min pappa har tält olika bruksföremål av enen som det är brukligt i Estland. Jag har fortfarande kvar smörkniv och en stekspade som han har gjort. Jag själv har också gjort olika föremål av ene. Min stav har jag bearbetat av en som jag har hittat på landet. Jag har aldrig tagit färsk en utan bara de som har legat på marken.

Samma dag som min ute sittning skulle ske så gick jag på min morgonvandring. Först gick jag till min kraftplats, här skulle jag tillbringa min nästa natt. Samtidigt minns jag att detta var min mammas dödsdag för 37 år sedan. Vilket sammanträffande! Platsen som jag till slut hade valt kändes fortfarande vara en trygg plats att sitta ute i den mörka natten. Jag fortsatte min vandring på landsvägen och gick för att hälsa på hos Enen. När jag sakta gick vägen fram emot enen, flyger en stor fågel från en skogsdunge som låg bredvid åkern, bredvid landsvägen som jag gick på. Den flög graciöst över åkern samtidigt som den tappade en fjäder. Jag gick ut på åkern för att hämta gåvan från Universum som fågeln gav mig. Jag tror att fågeln var en Ormvråk eller Gjuse. Helt fantastiskt! Jag tog tacksamt emot gåvan och visste inte riktigt om jag var vaken eller befann jag mig i en dröm eller en trumresa.

Efter frukost fick vi göra en healingresa för egen del. Vi skulle välja någon del av kroppen eller ett inre organ eller helt enkelt be om hälsa. Jag valde min höft som jag hade känt smärta i.

Trumresan började från min Plattform som är en slags Mandela. Denna Mandela fick jag på en av Raven kurs som hade temat döden. Från denna plattform kan jag hoppa ner till dödsriket där, bland annat skärselden finns. Från samma Mandala visades sig att jag kom upp till universum där jag fick kontakt med min Turkosa Moder.

Vi skulle resa till den del av kroppen vi hade valt ut med healingläraren, vi skulle resa till kroppens ande. Redan i början av resan mötte mig ett nytt kraftdjur. Det var fågeln som jag hade mött på min morgonpromenad som hade gett mig sin fjäder. Vidare på resan kom den Bevingade hästen till mig. Det är samma häst som jag har haft som ett litet plastdjur sedan jag var 5 år. Nu hade den fått vingar så den kunde föra mig upp till den övre världen, den var betydligt större än den lilla häst jag har. Jag bad min healinglärare, Tomheten med Ljuset, om att få hjälp med att komma till höftens ande och ge min höft healing.

Vita hästen hade en vit vagn som var bundna med vita långa band. I vagnen fanns vita, glimmande blommor. Vi flög iväg. Vi kom till en tunnel som var ljus men ju längre in vi kom så blev tunneln allt mörkare. Färden fortsatte och till slut kom vi fram till höftens hål, där fanns en mus som mötte upp. Till en början kom Vita Hästen inte in med sin vagn i det trånga hålet. Den var tvungen att bana sin väg för att komma in och när vi var framme träffade vi höftens ande. Det var en gammal, mager, gråaktig och hängig gubbe. Vi började att lägga ut alla de glimmande, vita blommorna runt omkring. Det inne blev alldeles vitt. Gubben badade vi, i rent, rinnande vatten. Under lögningen blev han hela tiden ljusare och ljusare och sedan började han att skratta. Efter detta kom det Ljus direkt från Tomheten och fortsatte healingen. Denna healing fungerade för jag kände ingen smärta nästa dag.

Kursen fortsatte och vi diskutera vem som skulle ha ute-sittar natt och vilken frågeställning som vi skulle ställa. Om jag minns rätt så var det bara några stycken som skulle sitta ute.

På denna kurs skulle man välja ut en partner som skulle föra och hämta från kraftplatsen då man gjorde detta. Jag hade svårighet att hitta någon partner men till slut fick jag en kvinna som var med på kursen som hjälp ledare. Nästa problem blev min frågeställning. Min partner ville inte godkänna min fråga. Hon tyckte kanske att den var för luddig eller för omfattande. Jonathan fick komma och reda ut situationen. Jag hade kommit till kursen för att få fingervisning hur jag skulle gå vidare på min shamaniska väg. Så min frågeställning löd: *Jag ber om hjälp för att ta mitt nästa steg i min shamaniska utveckling. Hur gör jag?* Detta ville jag ta reda på och jag gav inte vika för protesterna. Det var ju jag som skulle sitta ute och ta reda på det som var viktigt för mig.

När kvällen kom, förde partner mig till min kraftplats. Hon skulle komma hämta mig vid soluppgången och vi skulle tillsammans gå till en lugn plats så att jag skulle kunna överföra mina upplevelse från natten. Min kraftplats var inte inne i skogen eller någon annan undangömd plats, utan en plats som inte hade mycket skydd runt omkring. Jag satt mitt emellan två mindre gå vägar och landsvägen fanns ca 20 meter ifrån mig. Mitt emot på andra sidan körvägen, fanns hus och människor. Jag satte mig i "blåsten" på en blå stol som jag hade hittat på kursplatsen. Med mig hade jag alla de guider, kraftdjur och andra himmelska ljusvarelser som skulle ge mig sitt stöd och skydd. Speciellt kände jag min Turkosa Moders närvaro och hur Moder Jords sköte fanns under mig där jag satt ensam i skymningen. Jag hade med mig både min orm skramla och same trumman vars namn är "Den första människan". Innan man har en ute sittning är det väldigt viktigt att man har sin frågeställning klar. Det är den som man fokuserar på och uppmärksammar allt det som händer och sker under nattens lopp. Man får inte alltid svar på sin frågeställning samma dag utan det kan gå flera dagar och tom år innan helheten av sin frågeställning uppenbarar sig för en.

När jag kom fram till mitt kraftställe markerade jag en cirkel med små stenar och käppar som fanns färdigt på marken. I mitten ställde jag den blå pallen som jag hade hittat på kursgården, där jag skulle sitta. Under mig fanns berggrunden som syntes under växligheten. Jag kallade på mina lärare, guider och kraftdjur, att de skulle vara med mig under denna natt. Beskydda mig och ge mig svar på min frågeställning. Med mig hade jag fjädern som jag hade fått, min Orm skramla och min trumma. Jag hade klätt mig i ljusblå kläder som representerade Turkosa Modern och även pallen var ju blå.

Solen var på väg ner men himlen var fortfarande ljusblå. När jag tittade på den vackra himlen såg jag plötsligt en flock vita fåglar eller var det fjärilar? De flög i en flock mycket högt upp. Först var det bara en flock flygande fåglar men när jag tittade runt himlen såg jag en mängd flockar av dessa flygande varelser. Stjärnorna började så sakta tändas och det började mörkna mer och mer. Fjädern som jag hade fått som gåva höll jag i handen. Den lös upp cirkeln som jag hade markerat. När jag förde den runt omkring mig började det växa något slags gräs som lös med grön färg och under mig på berget, på marken lös det en stark röd färg. Dessa färger som vibrerade runt mig kändes mycket betryggande och jag kände mig omfamnad. Jag var innesluten i ett skönt, varmt, pulserande hav av vågor som rullande mig sakta runt i ett glödande färgbad av röd och grön färg. På min högra sida på marken lös ett vitt ljus som kom någonstans bakom mig. Det verkade som om det ett artificiellt ljus. Jag kollade senare om det fanns någon lampa där men det gjorde det inte.

Många år senare läste jag i Jörgen I Erikssons bok Bergets visdom att detta vita ljus som lyser bakom dig är de andeväsen som förekommer på platsen.

När jag satt på min pall och tittade på himlen och lyssnade på svar till min fråga, såg jag 5 stycken flygplan. De kom turvis över himlen och då jag tänkte jag inget annat än at de var helt vanliga flygplan. Det var efteråt som jag funderade mer på dessa flygfarkoster. De hade inte vanliga ljus som finns på flygplan och även formen på flygplanen var annorlunda. De liknade mest en tratt och på kanterna fanns det lampor som lös starkt. En annan deltagare som hade ute-natt hade också sett ett sådant flygplan.

Så småningom började fler stjärnor att tändas på himlavalvet. Himlen som egentligen var långt borta kändes helt nära mig. Det kändes som om jag skulle kunna vidröra den med mina fingrar. På himlen fanns en massa olika ljus fenomen. Det lös i olika färger som vibrerade och rörde sig hela tiden. Himlen var aldrig stilla utan den levde som en stor varelse. Fjädern som jag hade fått som gåva, hade jag i handen och den lös upp runt omkring mig då mörkret sakta började lägga sig runt omkring mig.

Det hände mycket mer och när det var riktigt mörkt blev jag verkligen rädd då en långtradares dån helt plötsligt hördes i natten och dess ljuslyktor svepte förbi mig från landsvägen. Ett tag trodde jag att den skulle köra mot den platsen jag satt men den svängde och körde vidare på landsvägen framför mig. Detta var det enda som jag blev rädd för. När man sitter ensam ute i mörkret börjar man så småningom frysa och man längtar efter att solen ska stiga upp så att man får komma in i värmen. Solen började lysa lite över horisonten men jag fick vänta tills min partner kom för att hämta mig. När jag satt och väntade kom jag på att de vita fjärilarna eller fåglarna liknade de blommor som den vita hästen hade i sin vagn. De blev till långa healingband som jag la på min onda höft.

Min insikt från ute-natten var att: Jag kan be universum om hjälp och jag är kapabel att ta emot den. Men att det är svårt att förstå allt som händer under en ute-sittning. Insikter kommer efteråt och kan ta lång tid att anamma och tolka så att man förstår.

Jonathan berättade för oss att healingkursen är som en foundation, det är byggstenar som byggs på varann, så att det blir en stadig grund.

Vår första uppgift hade varit att söka vår healinglärare, nu skulle vi hitta i mellanvärlden, något i naturen som vi skulle kunna använda i vårt healingarbete. En viktig byggsten är också att hitta sin kraftplats, dit kan man alltid gå för att få kunskap i sitt arbete med klienterna.

Vi hade fått verktyg för att diagnostisera och göra en reningsprocess för klienten och healings behandling för någon åkomma i kroppen. Jonathan visade också en metod hur man kan suga ut tung energi ur kroppen men denna metod var något vi inte ännu i kunde behärska. Visserligen hittade jag direkt ett instrument hemma för denna behandling som liknade det som han använde. Vi fick också praktisera hur vi kunde leta efter blockeringar i chakrasystemet och hur man kunde balansera chi i klientens kropp. En viktig byggsten som Jonathan gav oss var att vi som gör healing arbete måste ta väl hand om oss själva. Han poängterade många gånger att vi inte skulle ge av vår egen kraft utan vara den kanalen som en helare är. Jag uppmärksammade detta och tog till mig den insikten för jag har den tendensen att jag ger av min egen kraft. Då detta sker blir man själv helt utlakad och måste få kraften tillbaka.

När jag gjorde trumresa för att fråga hur kan jag ta hand om mig på bästa sätt då jag gör healing arbete, mötte Jesus mig. Jag var väl bekant med Jesus, han har varit med mig sedan söndagsskolan som jag gick när jag var liten. Efter det kom mitt nya kraftdjur Void. Vi flög upp till Turkosa Modern och sedan vidare till Tomheten. Denna gången flög vi in i ett svart hål och där fanns Ljuset. In detta underbara ljussken fanns det en kvinnlig Ljusgestalt.

Svaren som jag fick från både Jesus och Ljusgestalten var att det är viktigt att grunda sig varje morgon och möta dagen med "fötterna på jorden". Jag fick många goda råd som jag försökte följa men inte alla. Jag har fått under årens lopp på många olika kurser samma budskap både på trumresor och från olika ledare, att man ska följa de instruktioner man får. Detta är väldigt viktigt! Jag har blivit bättre på att förstå detta och göra det man ber mig om. Ett viktigt råd som jag också har fått under årens lopp är att lära mig be om hjälp. Även detta har jag haft svårt att följa men även här har jag blivit mycket bättre.

På kursen lärde jag mig en healingprocess som jag har använt och utvecklat som en egen healing behandling. Jag använder tyger och kristaller i chakrornas egna färger och stenar. Jag hittade min egen röst och fick min egen healingsång. Jag har behandlat enskilda klienter och varit med på "Hengen ja Tiedon messut" ett flertal gånger. På den vägen fortsätter jag!

Jag hade kommit till healingkursen för att få konkreta redskap för att kunna hela andra människor och jag fick det och mycket mer.

Mirakelhimlen finns med varje dag och jag känner evig tacksamhet för allt jag har fått!

Slutord

18.11.82
Hur kan ni lämna mig
utan tillsyn
låta vinden
dra i mitt ljusblå baby-täcke
låta vinden leta sig in i varje vrå av min
avkylda rosen dofts kropp
som får sluta vara av persika hud
måste bli hård av läder typ
för att kunna motstå vädrets alla nycker
Ni låter ju mig stå ute i den hårda vinden
utan tillsyn
Lillu

Så här kändes det då för länge sedan, men jag har gått många steg och mil från den känslan. Då kunde jag inte själv ta ansvar för mitt öde utan sökte någon, något utanför mig själv. Denna känsla av att vara utelämnad har varit min motivation, min strävan att söka svar på min förtvivlan.

Jag har förstått att jag själv måste ta ansvar för mitt välbefinnande och jag är tacksam över att jag kunde ta emot kunskap från andra. För någonstans kapslade jag in mina känslor och trodde att jag själv måste totalt bana väg i den snåriga djungel av alla dessa känslor. Det är självklart att man måste själv lyfta sina fötter för att komma fram men man behöver inte uppfinna hjulet igen.

Redan då på 1980- talet sökte jag nog svaren genom litteraturen. Jag läste Erich Fromms "Kärlekens konst". Då förstod jag nog inte riktigt det han menade med särskildheten som handlar om att människan är medveten om att hon är särskild och övergiven varelse, att hon är hjälplös utlämnad åt de krafter som styr natur och samhälle. Han menar att denna vetskap gör människans särskilda mikrokosmiska tillvaro till ett outhärdligt fängelse. Det är just det jag beskriver i min dikt från 18.11.82. Han menar också att det djupaste mänskliga behovet är behovet att övervinna sin särskildhet. Han skriver också om en annan mänsklig önskan, att lära känna "människans hemlighet". Denna hemlighet handlar om att kunna blicka inåt, att lära känna sig själv. Lära känna sitt sanna Jag utan att identifiera sig med sina roller som man har i samhället. På den här vägen har jag kommit långt med all den insikt jag har fått. Jag har kommit mycket nära min kärna.

Denna boken har verkligen handlat om att söka svaren på denna hemlighet, vem jag egentligen är och vad min uppgift är i detta jordeliv. Jag kan mycket tydligt se mina olika roller och jag kan få kontakt med mitt genuina Jag. Resan är inte färdig för mig ännu. Det återstår många steg och mil för att komma fram men kanske finns det inget slut på min resa utan den fortsätter in i evigheten.

Jag vill tacka alla de människor, böcker, utbildningar, självstudier, guider, kraftdjur, lärare

och de orden som jag har fått på denna hjälteresa som hjälpt mig att gå vidare och släppa det som hör till det förflutna.
Lillu
Helsingfors 3.3.22

Referenslitteratur

Ahlberg I. *Säga ja till livet. Om att bejaka inkas andliga uppenbarelser*

Assagioli Roberto *Om viljan*

Bettelheim B. *Sagans förtrollade värld*

Brennan Barbara Ann *Healing från det inre ljuset*

Bradshaw *Frigör barnet inom dig*

Bruun U. *Förskoleålderns psykologi*

Calleman Carl Johan *Maya kalendern*

Chopra Deepak *Att välja glädjen*

Chopra D. *Vägen till kärlek -frigör dina inre krafter*

Cullberg J. *Kris och utveckling*

Cullberg Weston M. *Lär känna dig på djupet Möt ditt inre barn*

Cullberg Weston M. *Självkänsla på djupet*

De Saint-Exupéry A. *Lille prinsen*

Diderichsen Birgitte *Barnet som samhällsmedlem*

Dropsy Jacques *Leva i sin kropp*

Ehdin S. *Sluta kämpa - börja leva*

Fe Kockum Å. *Ett liv i balans.*

Ferrucci Piero *Bli den du är*

Fromm Erich *Kärlekens konst*

Ghaderi /Parling *Lev med din kropp*

Heiskanen / Kailo *Ekopsykologia*

Jencks Beata *Lyssna till din kropp*

Kabat-Zinn Jon *Vart du än går är du där*

Kingston Karen *Rensa i röran med feng shui*

Klingberg T. *Den lärande hjärnan. Om barns minne och utveckling*

Lowen A. *Förräderiet mot kroppen*

Maclaine S. *Resan inåt*

Marton / Booth *Om lärande*

Nyholm Winqvist Agneta *Feng shui*

Nyholm Winqvist Agneta *Feng shui för svenska hem*

Ortiz L. *Förändra ditt liv*

Papp M. *Yoga på djupet*

Pihl E. *Let go! Bli från ditt kontrollbehov*

Pramling Samuelsson *Lärandets grogrunder*

Rendel P. *Chakrat*

Rohr / Ebert *Enneagrammet*

Roth G. *Befria din själ*

Roth G. *Rörelsens helande kraft. Vägen till extas*

Rubin I. *Boken om ilska*

Selby A. *Chakra höj din energi*

Sjödin A. *En kvinnas resa*

Solöga *Djurens språk*

Sommer D. *Barndomspsykologi. Utveckling i en förändrad värld*

Stern D. *Spädbarnets interpersonella värld*

Sträng/Persson *Små barns stigar i omvärlden*

Säljö R *Lärande i praktiken*

von Terzchner *Utvecklingspsykologi*

Ulander M. *Drömmar A-Ö Lexikon*

Van der Kolk / M.D. *The body keeps the score*

Villoldo A. *Upplysning schamanens väg till helande*

Villoldo A. *Hela din framtid - läk det förflutna och finn ditt högre syfte med soul retrieval*

Villoldo A. *Schamansk healing*

Vygotskij L. *Tänkande och språk*

Vygotskij L. *Psykologi och dialektik*

Wahlström R. *Eheyttävä luonto*

Williams/Teasdale/Segal/Kabat-Zinn

Mindfulness En väg ur nedstämdhet

Yoga. Boken om yoga med utförliga instruktioner steg för steg

Bokens bak pärm

Den här boken berättar om den hemlighet vi alla bär inom oss och som vi försöker få svar på. Vägen till helhet handlar om att finna sin kärna, sitt genuina Jag, att bli en hel människa. Få kontakt med det som känns som någon slags tomhet, något som fattas, något slags "gnag". Minnen, trauman, alla de spår i hjärnan och i våra kroppar som hindrar oss från att leva fullt ut och bli den man verkligen är.

Boken berättar om den resa vi alla måste göra för att finna den heliga Graalen som vi hela tiden har i vår hand.

Genom shamanismen, psykosyntesen, chakrorna, den andliga världen och självutvecklande böcker och kurser, har jag gjort min resa. Resan har också inneburit ett gediget kunskapsinhämtning om barnets utveckling och om hjärnan. Hjärnan som bär på alla erfarenheter vi fått i våra liv. Svaren finns också i våra fysiska kroppar, så genom den heliga dansen har jag fått kontakt med de gamla minnen och trauman som hindrar till att bli en hel människa.

Min resa har varit mycket lång och ännu ser jag inget slut på min väg. Vägen som har varit snårig och inte rak men där ljuset alltid brinner och som fått mig att resa på mig för att gå vidare. Livsgnistan som ger mig energi att finna den heliga Graalen.

© 2022, LIllu Sandström

Förlag: BoD – Books on Demand, Stockholm, Sverige

Tryck: BoD – Books on Demand, Norderstedt, Tyskland

ISBN: 978-91-8027-758-7